끊고,
버리고,
떠나라

나를 바꾸는 마음 혁명 지침서

단 · 사 · 리 (斷 · 捨 · 離)

" 네 마음을 지켜라. 생명의 근원이 이에서 남이니라. " < 솔로몬의 잠언서 4:23 >

프롤로그: 삶의 혁명은 마음에서부터 시작된다.

"우리 세대가 이루어낸 가장 위대한 발견은 인간이 자신의 마음 자세를 바꿈으로써 삶 그 자체를 변화시킬 수 있다는 사실을 발견한 것이다."

< 윌리엄 제임스 >

시중에 나와 있는 어떤 책을 읽다가, 문득 다음과 같은 생각이 들었다.

" 아닌데, 물건이나 환경을 정리 정돈한다고 해서 우리 삶이 바뀌는 것은 아닌데!"

라는 생각이었다. 정리 정돈을 하고, 쓰지 않는 물건을 버리면, 우리 마음도 역시 정리정돈이 되어, 행복해질 수 있다는 메시지를 담고 있는 책이었다. 물론 이 책이 주장하고 있는 것이 완전히 틀렸다고는 할 수 없다. 단지 저자의 생각과 다를 뿐이다. 그래서 나는 이 책과 다른 견해를 가진 수많은 사람 중의 한 명으로, 그 다른 견해를 세상에 알리고 싶었다. 그래서 이 책이 탄생하게 된 것이다.

우리의 환경이 우리의 생각을 바꾸고, 우리를 행복하게 해 주는 것이 아니라, 우리의 마음이 우리의 환경을 바꾸고, 우리의 인생을 바꾼다는 사실을 말하고 싶었다.

누군가는 말한다.

" 내 환경이 엉망이기 때문에, 내 인생도 그런 거야."

하지만 사실은 그렇지 않다. 그것도 정반대로 말이다. 내 인생이 엉망이기 때문에, 내 환경도 그렇게 된 것이다. 그렇기 때문에, 환경을 바꾼다고 내 인생이 바뀌어 지는 것이 아니다. 인생을 바꾸고 싶다면, 먼저 마음을 바꾸어야 하는 것이다.

아주 오래전에 읽었던 책 중에 어떤 한 부분이 아직도 기억나는 책이 있다. 물론 그 책의 제목이나, 작가의 이름은 기억나지 않는다. 하지만 그 책 내용 중에 바로 이 부분은 아직도 기억난다.

술주정뱅이이며, 전과자로, 번듯한 직업도 없이, 술만 마시며, 가족들이 힘들게 벌어 온 돈을 다 탕진하고, 그것도 모자라서 폭언과 폭행을 일삼으며, 자신의 처지를 비관하며, 언제나 술에 취해서 자기 몸도 가누지 못 하면서, 세상에 대해 온갖 불평, 불만과 욕설을 내뱉으며, 하루하루 살아가는 병 든 아버지가 있는 가난에 찌든 비참한 가정 환경에서 똑같이 두 형제가 자랐다.

그리고 이십 년이 흘렀다. 두 형제의 삶은 모습은 어떻게 변해 있었을까?

이십 년 후 형은 아버지와 똑같은 전과자에, 주정뱅이에, 실업자가 되어 있었다. 하지만 동생은 그런 사람들과 전혀 다른 반듯한 변호사가 되어 있었다.

무엇이 이 두 형제의 삶을 가른 것일까? 그것은 바로 '마음' 이었던 것이다. 형은 술주정뱅이 아버지와 가난에 찌든 가정환경 속에서 하루하루 살면서, 자신의 마음도 환경에 영향을 받는 것을 거부하지 못하고, 자신의 마음이 그러한 환경에 얽매이고, 사로잡히게 그대로 내버려두었다. 하지만 동생은 그러한 환경이 자신의 마음을 사로잡도록 내버려두지 않았다. 마음으로부터 그러한 환경을 몰아내기 위해, 환경과 연결된 모든 연결을 끊어 버리고, 환경과 관련된 부정적인 생각들을 모두 버리고, 환경이 만들어 주는 비참한 상황을 마음으로부터 떠났다. 그 결과 동생은 환경을 극복하고, 환경의 주인이 되어, 성공적인 삶을 살아 나갈 수 있었다.

이 이야기가 우리에게 전달하고 싶은 메시지는 무엇일까? 그것은 환경이 아무리 어렵고, 복잡해도, 그것을 극복해 내어 주인이 되느냐, 아니면, 그 환경의 노예가 되어, 환경이 원하는 대로의 비참한 인생을 살 것인지는 오롯이 우리 마음에 달려 있다는 것이다.

" 삶의 모습을 결정짓는 것은 환경이 아니라, 우리의 마음이다."

환경이 바뀌면, 인생이 바뀌는 것이 아니라, 환경이

바뀌지 않아도, 마음이 바뀌면, 환경도 따라서 바뀌고, 인생도 바뀌는 것이다. 왜냐하면 환경이 가진 끌어당김의 힘보다, 더 큰 것은 마음의 힘이기 때문이다. 환경이 아무리 정리 정돈이 잘 되어 있고, 좋아도, 별 볼 일 없는 사람이 되어, 인생을 낭비하는 사람들이 우리 주위에 적지 않다는 사실을 우리는 알고 있다.

우리 미래의 삶은 현재의 우리 마음을 반사해 주는 거울에 불과하다. 우리 마음이 현재 풍요롭고, 자유롭다면, 미래 우리의 모습도 또한 그럴 것이다. 하지만 현재 우리 마음이 복잡하고, 어수선하고, 혼란스럽다면, 미래 우리의 삶의 모습도 어김없이 또한 그럴 것이다. 그러므로 우리는 무엇보다 마음을 혁명해야 한다.

마음이 바뀌면, 말이 바뀐다. 마음이 바뀌면 행동이 바뀐다. 마음이 바뀌면 태도가 바뀐다. 마음이 강하면, 우리의 모습도 강한 모습으로 바뀐다. 마음이 넓으면, 우리의 인생도 넓어진다. 마음이 크면, 우리는 큰 인생을 살 수 있다. 마음이 온유하면, 우리의 삶도 그렇게 된다.

우리가 주거하는 집과 환경이 크고 좋다고 우리 인생이 큰 인생이 되고, 좋은 인생을 살 수 있는 것은 절대 아니다.

잘 나가던 직장과 성공에 대한 집착을 끊고, 그러한 욕심을 버리고, 그러한 환경을 떠났을 때, 비로소 인생의 혁명이 시작되었음을 수많은 선배는 경험했다. 우리를 괴롭히고 있는 모든 것들을 끊고, 버리고, 떠났을 때, 비로소 눈에 보이지 않았던 참된 인생의 길이 보이기 시작하는 것임을 이 책은 말하고 있다.

인생의 성공과 부는 그것을 끝까지 붙잡고, 놓지 않는 사람에게 다가오는 것이 아니라, 그것들을 물 흐르듯, 바람 불듯, 끊고, 버리고, 떠날 줄 아는 초연한 사람에게 찾아오는 것이다. 왜냐하면, 돈을 좇아, 직업을 선택한 사람은 절대 부자가 되지 못 하지만, 돈에 대한 집착을 버리고, 자신이 좋아하는 일을 직업으로 선택한 사람은 역설적으로 돈까지 따라 오는 것을 경험하기 때문이다. 그것도 풍요로움과 자유, 평화와 안정, 행복과 건강 등이 모두 함께 말이다.

우리가 마음의 평화를 경험하기 위해 다른 사람이나 물건들이 반드시 변화될 필요는 없다. 그저 우리 마음이 변하면 된다. 그것이 마음 혁명이 가지고 있는 가장 큰 유익함이다. 우리가 행복을 느끼고, 성공적인 삶을 살기 위해서 돈이 많고, 환경이 좋아야만 하는 것은 아니다. 단지 우리 마음에서 혁명이 일어나기만 하면, 그러한 삶이 가능하다.

우리의 현실은 우리 마음의 상태를 반영한 것에 불과하다. 하루 종일 어떤 생각을 마음속으로 하느냐에 따라 그 사람의 모습이 정해진다. 환경을 바꾸면, 인생도 바뀔 수 있다고 생각하는 사람들을 위해, 제임스 앨런의 표현을 빌려서, 반박하자면, "상황이 인간을 만드는 것이 아니라, 인간의 내면이 상황으로 드러나는 것뿐" 이라는 사실을 거듭 말하고 싶은 것이다.

"성공과 실패를 가르는 것도, 가난과 부를 가르는 것도, 행복과 불행을 가르는 것도 결국 우리의 마음과 생각이다."

마음 혁명을 통해 우리는 행복한 삶뿐만 아니라, 성공과 부도 거머쥘 수 있다. 성공과 부의 출발점은 마음과 생각이기 때문이다. 성공한 사람들은 이미 마음에서 성공을 향해 나아가도록 프로그래밍 되어 있듯이, 실패하는 사람은 이미 마음에서 실패를 하도록 프로그래밍 되어 있음을 알아야 한다. 이것은 부자와 가난한 사람의 경우 같게 적용된다. 그리고 행복한 사람과 불행한 사람도 그렇다.

세상에서 가장 강력하고 창조적인 에너지를 가지고 있는 것은 바로 우리의 마음이다. 마음으로부터 성공과 실패, 가난과 부, 행복과 불행이 결정 되는 것이다.

이 책을 통해, 마음을 혁명하는 법을 배워서, 불행한 삶에서 행복한 삶으로, 가난한 삶에서 풍요로운 삶으로, 실패의 삶에서 성공의 삶으로 인생을 변화시켜 나갈 수 있을 것이다.

삶의 모든 집착과 중독을 끊고(斷, 끊을 단), 욕심과 욕망을 버리고(捨, 버릴 사), 껍데기뿐인 거짓 성공과 부의 길에서 떠나는(離, 떠날 리) 단·사·리(斷·捨·離) 마음 혁명(Mind Revolution)을 통해, 행복하고 건강하고 성공적인 인생으로 자신의 인생까지도 혁명하는 참된 개혁자가 될 수 있을 것이다. 그 결과보다 나은 삶을 살 수 있게 될 것이다.

" 가난한 삶에서 풍요로운 삶으로, 실패한 인생에서 성공한 인생으로, 불행한 인생에서
행복한 인생으로 인생을 혁명하는 최고의 방법! 마음 혁명의 세계로 당신을 초대한다. "

어제와 다른 삶을 살고 싶다면, 마음을 열고, 마음을 혁명해 보라. 새로운 세상이 기다리고 있을 것이다.

풍요롭고, 자유롭고, 평화로운 삶을 사는 기술!

구매한 지 2년도 안 된 나의 유일한 저가 노트북이 또 말썽이다.

키보드는 사자마자 1개월이 채 안 되어 고장이 날 정도로, 밥만 먹고 글 쓰는 것에만 매달렸다. 2년도 채 안 된 작은 저가 노트북이 마치 십 년 동안 쓴 것처럼 닳고 닳았다. 그만큼 많이 갖고 다니면서, 집필 작업을 했다.

폭우가 내리치던 어느 여름날 아침,

나는 가방 속에 노트북이 있다는 사실도 모른 채, 엄청난 폭우를 피하기 위해, 도서관까지 뛰어갔다. 우산을 아무리 받쳐도, 온몸에 빗방울이 침투해 들어올 정도로 그 기세가 실로 대단했다.

간신히 도서관에 도착하여, 노트북을 책상 위에 내려놓았다. 다행히 비는 많이 맞지 않았다. 안도의 한숨을 내쉬었다. 하지만 그러한 안도의 마음은 곧바로 사라졌다.

노트북의 화면이 마치 물감이 퍼진 것처럼 보이기 시작했기 때문이다. 난감했다. 너무 노트북을 혹사 했나보다.

이제 어떻게 해야 하지?
결국 나는 큰맘을 먹기로 했다.

새로운 저가 노트북을 하나 구매하기로 했다. 저가 로 가장 저렴하게 쓸만한 노트북을 구매하는 방법 은 두 가지이다. 하나는 욕심을 버리는 것이고, 또 하나는 손발이 고생하는 것이다.

첫 번째 방법은 욕심을 버리고, 불필요한 사양을 다 버리고, 필요한 사항들, 이른바 자료 검색을 위한 빠른 인터넷 서핑, 그리고 고장이 나지 않고, 마음 편하게 사용할 수 있는 안정적인 문서 작업, 이 두 가지만 가능한 노트북을 구매하는 것이고, 또 다른 하나는 화려한 사양임에도, 운영체제가 없는 노트 북을 구매하여, 직접 운영체제를 설치하는 것이다. 그래서 두 번째 방법은 손발이 고생해야 한다.

나는 대한민국 최고의 회사에서 휴대폰 연구원으로 십 년 이상 치열한 산업 전선에서 회사 생활을 했던 사람이었기 때문에, IT 분야의 전문가라고 할 수 있다. 스마트 폰 열풍이 불기 전부터 스마트 폰을 직접 만들고, 기획하고, 개발한 사람 중 한 명이었다.

각설은 그만두고, 본론으로 다시 돌아오자. 나는 전자보다 후자의 방법이 더 쉽고 편했다. 그래서 후자의 방법을 선택하였다. 그래서 노트북 세계 판매 1위와 2위, 그리고 3위 회사에서 판매하는 노트북 중에서 하나를 선택하고, 그것을 구매했다. 그리고 의기양양하게 노트북에 운영체제를 설치하고, 입맛에 맞게 다양한 소프트웨어를 설치하였다.

저가이긴 하지만, 운영체제가 포함되어 있지 않기 때문에, 상대적으로 가격 대비 성능은 매우 높다는 것이 가장 큰 장점이다. 하지만 웬걸, 노트북이 몇 주 동안 제 기능을 발휘하지 못하는 것이었다. 오히려 2년 전에 구매하여 사용해 오던 저가의 노트북보다 성능이 훨씬 못하는 것이었다. 지문 인식 기능이 있지만, 수십 번을 더 손가락을 갖다 대어도, 제대로 인식하지 못하는 것이었다. 화가 났다. 노트북을 잘 못 구매한 것은 아닌가 하는 후회와 걱정이 몰아치기 시작했다.

평온하고 작은 내 마음속에 거대한 태풍이 일어나기 시작했다. 인터넷도 절대 빠르다는 생각이 들지 않았다. 노트북의 외모도 고급스럽게 보이지 않았다. 노트북의 모든 것이 최악으로 보이고, 그렇게 느껴졌다. 도저히 집필 작업에 집중할 수가 없었다.

한 마디로 최악의 날이었다.

나는 다시 한번 큰맘을 먹었다. 하루 종일 노트북을 다시 포맷하고, 다시 처음부터 제대로 된 소프트웨어를 설치하고자 맘을 먹었다. 하지만 그 작업은 쉽지 않았다. 잘 되던 무선 인터넷이 도통 잡히지 않는 것이었다. 인터넷이 되어야, 노트북 판매 사이트에 들어가서, 다른 드라이버들을 다운로드할 수 있다. 너무 많은 시도를 했지만, 무선 인터넷이 잡히지 않아서, 결국에는 내가 산 노트북이 무선 인터넷

드라이버에 문제가 생긴 것은 아닌지, 아니면 살 때부터 문제가 있었던 것은 아니었는지, 의심이 들기 시작했다.

하루 작업으로 생각하고 달려들었던 노트북의 소프트웨어 혁명 작업은 삼 일 밤낮이 걸렸다. 각고의 노력 끝에 노트북은 최고의 노트북으로 거듭나게 되었다. 그렇게 많이 시도해도 인식이 잘 안되던 지문 인식도, 인식률이 95%를 넘었고, 무선 인터넷이며, 충격 방지 시스템이며, 안정된 문서 작업이며, 빠른 웹 서핑이며 모든 것이 최고로 기능하는 멋진 노트북으로 변신했다. 외관도 볼수록 마음에 들었다. 마치 다른 노트북을 구매한 것처럼 느껴졌다.

글이 술술 써지노라면, 이 세상에서 최고로 행복하여, 그 어떤 것도 부럽지 않다고 말했던 어느 여류 작가의 고백이 왜 거짓이 아닌지, 이 작은 일을 통해 느낀 희열이 그것을 대변해 주는 듯하다.

삼일의 노트북 소프트웨어 혁명 작업은 이렇게 막이 내렸다. 이 사건을 통해 나는 배웠다. 아무리 좋은 노트북도, 그것을 제대로 사용하기 위해서는 제대로 된 소프트웨어가 깔려 있어야 한다는 사실을 말이다. 그런데 이것은 노트북에만 적용되는 현상이 아니었다. 바로 우리의 인생에도 그대로 적용이 되는 현상이었다.

우리는 아주 좋은 최신 기종의 노트북과 같은 잠재력을 가지고 태어났지만, 제대로 된 '마음'이라는 소프트웨어가 깔려 있지 않다면 우리는 절대로 제대로 된, 성공적인 인생을 살아 낼 수 없다. 달구지를 이끄는 것은 소이듯, 우리의 삶을 이끄는 것은 우리의 '마음'이기 때문이다. 처음 구매해서 잘못된 소프트웨어를 설치해서, 제대로 기능하지 못하는 상태처럼, 우리 인생이 엉망이라면, 우리에게 필요한 것은 노트북의 변경이 아니라, 마음이라는 소프트웨어의 재설치, 즉 마음 혁명이 필요한 것이라고 말할 수 있다.

우리 인간은 어떤 동물들보다 더 풍요롭고, 더 자유롭고, 더 평화롭게 살아갈 수 있는 조건을 가지고 있음에도, 동물들보다 더 풍요롭지 못하고, 자유롭지 못하고, 평화롭지 못하게 경쟁 속에서 살아가고 있다. 우리는 그것을 다시 회복해야 하고, 다시 찾아야 한다. 그렇게 하기 위해 필요한 것은 바로 마음 혁명이다.

행복한 인생, 성공적인 인생을 위한 필요조건이다.

단사리 마음 혁명은 한 마디로 행복한 인생과 성공적인 인생을 위한 필요조건이다. 우리가 행복하게 살기 위해, 그리고 성공적인 인생을 살기 위해 필요한 것은 성공이나 물질이나 명예나 좋은 환경이 아니다. 바로 우리 내면으로부터의 참된 혁명인 마음 혁명이다.

우리가 행복한 인생의 조건을 외형적인 것, 우리 외부의 것들인 재산과 명예와 성공 같은 것으로 삼는다면, 절대 우리는 행복해질 수 없다. 왜냐하면 그러한 것들은 유동적이고, 가변적이기 때문이다. 오늘 있다가도 내일은 없어질 수 있기 때문이다. 그러한 것들이 행복의 조건이라고 여기는 사람은 그러한 것들의 노예로 전락 될 수밖에 없다. 하지만 우리가 외형적인 것이 아니라, 우리 내부의 것을 통해 행복의 조건을 삼는다면, 우리는 언제나 변함없이 행복할 수 있다. 그렇다면 우리 내부의 것은 무엇일까? 그것은 바로 우리 마음이다.

우리의 몸도 사실 가변적인 것이다. 사고로 팔다리를 잃어버릴 수도 있고, 실제로 그런 사람들이 적지 않다. 그리고 사고로 인해 몸 전체에 마비가 와서, 제대로 움직이지 못하게 되는 사람도 있다. 이 경우에도 우리는 우리의 마음만은 변함없이 소유하고 있다. 다만 그것을 어떻게 다스리며, 어떤 상태로 유지하느냐에 따라, 그 이후 삶의 모습이 180도 달라질 수 있다.

행복과 성공의 조건을 우리 외부에 두지 않아야 하는 이유가 이것이다. 우리 외부의 것은 언제든 떠나갈 수 있고, 잃어버릴 수 있는 것이다. 엄밀하게 말하면 우리 외부의 것은 처음부터 우리의 소유가 아니다. 잠시 빌려 쓰고 다시 되돌려 주어야 하는 것이다. 돈이 바로 그런 것 중에 대표적인 물건이다. 돈은 절대 우리가 영원히 소유할 수 없다. 아무리 큰 부자라 할지라도 죽을 때는 돈 한 푼 소유할 수 없다. 돈의 참된 주인은 우리가 아니다. 심지어 돈이 우리를 노예처럼 부리면서, 비인간적인 행동을 하게 부추기기도 한다. 우리가 편리하게 살기 위해, 만들어 놓은 돈이 이제는 우리를 얽어매고 있다.

그래서 돈 때문에 사람을 속이고, 돈 때문에 싸우고, 돈 때문에 부부가 이혼하여, 가정이 파탄되고, 돈 때문에 평생지기가 갈라서고, 돈 때문에 전쟁을 일으키고, 돈 때문에 사람을 죽이는 그러한 사회가 되어 버렸다. 이러한 것들은 모두 돈의 주인 된 모습이 아니라, 돈의 노예가 되어 버린 모습이다.

돈 뿐만 아니라, 권력도 마찬가지이다. 그리고 명예도 그렇다. 그리고 성공도 그렇다. 아무리 큰 성공을 하고, 아무리 큰 권력을 가지고, 아무리 좋은 명예를 얻었다 해도, 그렇다고 해서 그것들이 우리를 자동적으로 행복하게, 참된 성공의 길로 인도하지는 않는다.

우리 주위에는 돈이 많고, 성공했음에도, 불행한 인

생을 살아 가는 사람들이 적지 않다. 그것은 우리 내부의 마음을 제대로 다스리지 못했기 때문이다. 아무리 돈이 많아도, 그것이 우리 마음속에 있는 모든 집착과 중독을 끊게 해 줄 수는 없다. 아무리 권력이 많아도, 참된 행복의 길인 마음으로부터 욕심과 욕망을 버릴 수 있게 해 줄 수는 없다. 아무리 성공을 했다 해도, 참 된 성공의 길을 그것이 알려 줄 수 는 없다.

이러한 것들을 해 줄 수 있는 유일한 것은 우리가 그토록 차지하기 위해 눈에 독기를 품고, 열심히 아등바등 살아 가면서, 손에 거머쥐고자 하는 돈과 권력과 성공이 아니라, 태어날 때부터 이미 우리 마음에 고이 간직되어 있지만, 잠자고 있는, 우리의 마음이다.

우리가 마음으로 모든 집착과 중독을 끊고(斷), 존재로 사는 삶을 발견하고, 모든 욕심과 욕망과 시기와 질투와 같은 부정적인 것들을 버리고(捨), 거짓된 삶과 성공과 부의 망상으로부터 떠날 수 있다면 (離), 우리는 반드시 행복한 삶을 살아 갈 수 있게 될 것이다. 바로 이 책을 통해, 끊고, 버리고, 떠나는 단사리 마음 혁명을 실천해 볼 수 있을 것이다.

마음 혁명이 가져다주는 삶의 변화들은 부와 성공과 행복 외에도 너무나 많다는 사실을 명심하자.

- 세상을 바라보는 시각이 달라진다.
- 어떠한 실패와 시련에도, 인생이 요동치지 않고, 평상심을 유지 할 수 있다.
- 어떠한 것에도 연연해하지 않고, 웬만한 일에는 눈썹도 끄떡하지 않는 다.
- 참된 해방감을 오래 동안 누릴 수 있다.
- 물질에 치우친 삶에서 벗어나 삶의 균형을 잡을 수 있다.
- 크게 생각하고, 길게 내다보고, 담대한 도전을 하게 해 준다.
- 여유와 재미가 새록새록 다시금 생겨난다.
- 돈과 성공을 위해 일하는 노예 인생에서 벗어난 다.
- 마음의 평화와 행복을 찾을 수 있다.
- 어제와 다른 삶을 살아 갈 수 있게 해 준다.

- 가난에서 벗어나 부자로 살 수 있다.
- 실패만 하는 인생에서 벗어나 성공할 수 있다.

자 이제 마음 혁명의 세계로 여행을 떠나 보자.

모든 변화는 마음에서 비롯된다. 환경이 인간을 바꾸는 것이 아니라, 마음이 환경을 바꾼다. 우리가 불행한 이유는 삶이 복잡해서가 아니라, 마음이 복잡하기 때문이다. 인생을 단단하게 만드는 힘은 외부의 조건이 아니라 내부의 질서다.

단사리(斷捨離)는 단순한 정리법이 아니다. 그것은 마음을 새롭게 세우는 혁명적 행위이다. 끊고(斷), 버리고(捨), 떠남(離)으로써 우리는 비로소 진짜 나를 만나게 된다. 이 책은 '비움의 기술'이 아니라 '존재의 회복'에 관한 책이다.

마음의 무게를 내려놓는 순간, 인생은 다시 가벼워지고, 빛은 다시 들어온다. 이제 마음의 혁명을 시작하라. 그것이 당신 인생의 진정한 첫걸음이 될 것이다.

프롤로그: 삶의 혁명은 마음에서부터 시작된다.

제1장. 단(斷) 끊어라. _ 단 · 사 · 리 (斷 · 捨 · 離)
마음 혁명의 첫 번째

1부. 마음을 끊어야 인생이 바뀐다

- 인생은 마음의 표현이다.
- 마음이 살려낸 시한부 환자들
- 잘못된 생각이 우리 몸을 망친다.
- 공포와 두려움을 끊을 수 있다면, 어떤 병도 두렵지 않다.

2부. 집착을 끊을 때 비로소 자유가 온다

- 모든 집착과 중독을 끊어라.
- 집착해서는 안 되는 진짜 이유들.
- 집착이 목표를 달성하지 못하게 한다.
- 성공의 비결은 집착을 끊는 것이다.
- 몸과 마음은 하나로 연결되어 있다.
- 돈에 대한 집착이 부자로 살지 못하게 한다.

- 집착은 우리로 하여금 병들게 한다.
- 집착은 많은 것들을 착각 속에 살도록 우리를 이끈다.

3부. 끊음은 지혜이며, 삶의 기술이다

- 끊는다는 것은 또 하나의 즐거움이다.
- 소유가 아닌 존재의 삶을 살라.
- 끊어라, 그러면 연결되리라.
- 과거의 잘못된 습관을 끊어라.
- 우직지계(迂直之計)를 실천할 수 있는 길이다.
- 한 발짝 뒤로 물러섬의 경지에 이를 수 있다.
- 운동보다 고민을 끊는 것이 더 건강할 수 있다. 3부. 끊음은 지혜이며, 삶의 기술이다

에필로그: 마음혁명이 성공과 부와 행복을 가져다준다.

제1장. 단(斷) 끊어라. _ 단·사·리 (斷·捨·離) 마음 혁명의 첫 번째

1부. 마음을 끊어야 인생이 바뀐다

- 인생은 마음의 표현이다.

" 당신의 인생은 당신의 생각(마음)의 표현이다."

마르쿠스 아우렐리우스 안토니우스는 말했다. 그는 왜 이런 말을 했을까? 우리의 인생이란 이토록 우리의 생각을 벗어나지 못 하는 것에 불과 한 그무엇인가? 그렇다면 우리는 인생을 혁명하기 위해 무엇보다 가장 먼저 손을 봐야 할 것이 우리의 생각이며 마음이라는 결론에 쉽게 도달 할 수 있다. 그렇다면 진정 우리는 마음과 생각을 통해 우리 삶을 바꿀 수 있다는 사실에 집중해야 할 것이다. 우리의 마음과 생각에 집중하지 않는 다는 것은 너무나 중요한 사실을 간과해 버리는 것과 동일한 것이기 때문이다.

속담에 보면 '삼밭에 쑥대'라는 말이 있다. 이것은 원래 곧게 자랄 수 없는 쑥이라도 천성이 곧게 자라는 삼과 함께 자라면 쑥도 곧게 자라게 된다는 것을 말한다. 즉 환경이 무엇보다 중요하다는 사실을 말해 주고 있는 속담이다. 하지만 이것은 어디까지나 마음이 없고, 의지가 없고, 생각할 수 없는 쑥과 같은 식물이나 동물에게 국한되는 사항이라는 사실을 명심해야 한다. 맹모삼천지교(孟母三遷之敎)처럼 우리는 우리의 환경을 스스로 창조해 나갈 수 있는 만물의 영장인 인간이다. 이런 점에서 우리는 환경을 이길 수 있고, 극복해 낼 수 있다. 오히려 악조건속의 불리한 환경이 우리의 잠재력과 도전정신에 불을 지펴서 편한 환경에서 살 때 보다 더 나은 문명의 발달을 이룩하게 되고, 자기 발전을 할 수 있게 해 주는 원동력이 되기도 한다.

역사학자 아놀드 토인비의 '도전挑戰과 응전應戰'이 바로 그것이다. 우리 인간이 도전과 응전이 가능한 이유는 바로 우리에게는 마음이 있기 때문이고, 그 마음을 우리가 통제할 수 있기 때문이었다. 이처럼 우리의 삶은 우리의 마음을 통제함으로

써 관리할 수 있다. 이것이 이 책의 가장 큰 주제이며 핵심이라고 할 수 있다. 그렇다면 우리의 마음을 어떻게 통제해야 하는 것일까?

경영자가 직원들을 통제하듯, 군대의 장군이 부하 군인들을 통제하듯 해야 하는 것일까? 강압과 권위로 통제하는 군사 독재 정권처럼 해야 하는 것일까? 아니면 밥그릇을 통제하여 인민을 통제하는 공산주의 체제처럼 통제해야 하는 것일까? 그러한 마음 관리의 방법론과 함께 마음을 관리할 때 인생이 달라지고, 우리의 몸과 삶에 큰 변화가 어떻게 일어나는가와 같은 이론에 관해서도 이야기하고자 한다. 결국에는 그것이 다른 별개의 것이 아니라고 필자는 생각하기 때문이다. 그러한 방법을 통해 결과가 발생할 때, 인과 관계를 나누는 것은 더 이상 무의미하다는 생각 때문이다. 자 그렇다면 이제부터 마음을 바꾸면 인생이 바뀌는 것인지, 그리고 어떻게 해야 그것이 가능한지에 대해 살펴보도록 하겠다.

진정 마음을 바꾸고, 생각을 바꾸면 우리의 인생이 달라질 수 있을까? 이런 물음에 대답하기 위해

장황한 설명을 하기 이전에 하나의 실화를 소개하
도록 하겠다.

　　'생각' 이 구원 해 준 사형수 보에티우스!
로마 시대에 그 시대 최고의 명문가에서, 최고의 교
육을 받고, 최고의 삶을 살고 있었던 한 인물이 있
었다. 그 인물은 [철학의 위안]으로 우리에게 잘 알
려진 보에티우스이다. 행복한 가정과 최고의 학식
과 최고의 권력과 최고의 부와 명예를 모두 가졌던
인물 보에티우스는 그 시대 최고의 철학자이며, 권
력자였다. 누구 하나 부럽지 않은 그런 최고의 삶을
살고 있었다. 하지만 그는 하루아침에 정적의 모함
으로 인해, 죄도 없이, 억울하게 이 모든 것들을 다
빼앗기게 되고, 사형수가 되어, 죽을 날만 기다려야
하는 사형수로 전락하게 되었다. 하루아침에 천국
이 지옥으로 변한 현실 앞에 그는 죽음의 공포와 좌
절과 원망과 분노로 치를 떨며, 차가운 감옥 바닥에
서 몸부림치는 인생이 되었다. 어떠한 희망도, 어떠
한 기대도, 어떠한 의미도, 어떠한 가치도 더 이상
그에게는 존재 하지 않았다. 그것이 바로 지옥 그
자체였다.

그는 이제 세상에서 가장 궁핍한 자, 가장 억울한 자, 가장 불쌍한 자, 가장 희망이 없는 자가 되었다. 아무것도 그에게는 남아 있지 않았기 때문이다. 오히려 그는 사형수라는 무시무시한 짐을 지게 되어, 엄청난 죽음의 공포를 어깨에 메고, 하루하루를 공포 속에, 분노와 원한 속에, 자신을 모함한 정적에 대한 증오와 미움에서 살면서, 죽음을 준비해야 하는 인생이 되었다.

세상에 그처럼 궁핍하고, 각박하고, 처절하고, 억울한 삶이 있을 까? 그는 사형수로 사형을 당하기 전까지 어떠한 삶을 살았을 까? 더 이상 그에게 어떤 희망이나 기대가 있을 수 있었을 까? 그의 처참한 인생을 바꾸기 위해서는 엄청난 기적이 일어나야만 하는 것일까?

외적인 그 어떤 변화나 도움이나, 기적과 같은 일은 일어나지 않았다. 하지만 그는 자신의 삶을 완전히 바꾸어, 사형수로서 독방에서 인류에게 큰 선물을 선사하는 위인이 되었다. 그는 그 암울한 형편과 처지에서 수많은 사람에게 감동과 위안을 주고, 철학의 길을 인도하는 선구자적인 명작인 [철학의 위안]이란 책을 집필하는 작가의 삶을 그곳에서 살았다.

어떻게 그러한 극적인 삶의 변화가 일어날 수 있었던 것일까? 그 원인은 자신을 괴롭히던 모든 분노와 원한과 억울함과 미래에 대한 공포심에 대한 모든 집착과 중독을 마음으로부터 거부했기 때문이다. 그러한 마음의 변화로 그는 평안과 위안을 얻게 되었고, 글을 쓰는 힘이 생겨났다. 이것이 우리가 모든 집착과 중독을 끊어야 하는 이유이며, 끊게 되었을 때 우리가 누릴 수 있는 극적인 삶의 변화들이다.

그가 과거의 행복했던 그 시절에 대한 집착과 스스로에 대한 자책과 후회, 그리고 물밀 듯 밀려오는 수 많은 분노와 증오에 대한 모든 감정을 끊지 않았다면 여전히 그는 분노 속에서 증오로 가득 찬 삶을 살면서 누구보다 더 고통스럽게 살다 갔을 것이다. 하지만 그는 모든 감정에 대한 집착을 과감하게 끊어 버렸다. 그것은 결단이며 결심이며 선택이다.

당신이 이런 삶의 환경에 처하게 된다면 어떻게 할

것인가? 마지막 순간까지 끝까지 누군가를 원망하며, 저주하며, 분노를 품으며, 고통에서 살아갈 것인가? 아니면 모든 집착을 끊고 새로운 삶을 살아갈 것인가? 선택은 어디까지나 당신의 몫이다.

'마음' 이 살려낸 시한부 환자들

63세의 디 엥겔로 부인은 병원에서 진찰받은 결과 말기암 환자로 판명이 났다. 담낭암이었다. 이 사실을 환자에게 직접 말하고자 했지만, 환자 딸의 부탁으로 환자에게는 가벼운 담석을 제거했다고 말하게 되었다. 그런데 놀라운 기적과 같은 일이 발생했다. 2달도 채 넘기지 못해야 맞는 말기암 환자가 8개월 후에 건강하고 밝은 모습으로 의사를 찾아온 것이었다. 이런 의학 사례는 미국의 의사 협회에 자주 보고 되며, [마음의 기적]이란 책에서도 소개하고 있다.

과연 무엇이 그녀를 살린 것일까? 그것은 바로 '그냥 단순한 담석이 있네요, 담석을 제거 했습니다. 괜찮습니다. " 라는 말이었다. 디 엥겔로 부인을 살린 것은 문제없이 건강하다는 자신의 잘못된 생각이었다. 의학적 근거로 봤을 때는 잘못된 생각이었지만, 자신의 주관적인 근거로 봤을 때는 옳은 생각이었던 것이다. 그녀를 살린 것은 분명 그녀의 생각이었다. 그녀의 몸은 그녀를 사지로 몰아갔지만,

그녀의 마음은 그녀를 사지에서부터 살려 낸 것이었다. 이것이 바로 마음이 바뀌면 몸이 바뀌고 인생이 바뀐다고 할 수 있는 증거들이다.

이것보다 더 극적인 사례들이 한국에도 많다. 특히 매우 극적인 사례는 서울대 병원장이었던 한만청 교수의 사례이다. 그는 평생 의사로 살아온 의사였지만, 암에 걸렸다. 14cm가 넘는 악성 종양 덩어리가 간에서 발견되어, 수술했지만, 두 달 만에 폐로 전이됐다.

이런 상황이라면 누구나 절망하게 되고, 죽음에 직면할 수밖에 없다. 사람이라면 그럴 수밖에 없을 것이다. 특히 간에서 암 덩어리를 잘라 낸 지 두 달 만에 폐로 전이됐을 때는 그 누구도 희망이라는 단어를 떠 올리지 못하게 된다. 생존률이 5% 미만이기 때문이다.

생각해 보라. 100명이 있는데, 95명이 죽고, 5명이 살아날 수 있는데, 그 100명 중 95%는 영락없이 죽어야 하는데, 자신이 그 100명 중 한 명이라면 심정이 어떨까?

 이런 절망적인 상황과 암이 공포 속에서 그를 살린
것은 첨단 의학이 아니었다. 첨단 의학도 더 이상
말기 암 환자를 살릴 수는 없다. 암이 너무 진행되
었기 때문이다. 한만청 교수를 살린 것은 다름 아닌
그의 '생각'이었다.

 그는 상황이 그렇게 되자, 자기 생각을 바꾸기로
결심했다. 그리고 암을 자기를 죽이러 온 저승사자
라고 생각하지 않고, 자신과 함께 지내다가 다시 떠
날 친구라고 생각을 하기 시작 했다. 함께 사는 동
안만이라도 잘 지내보자고 암에게 말을 건네기도
했다. 그리고 억지로 떼어내려고 하지 않고, 자신을
찾아온 손님이므로, 암이 떠나는 날까지 최선을 다
해 대접하기로 생각을 바꿔 먹었던 것이다.

그렇게 생각을 바꾸자, 놀라운 일이 벌어진 것이다.
마음에 평화와 안정이 찾아왔고, 암에 대한 공포와
삶에 대한 집착이 사라졌다. 생각을 바꾸었기 때문
에, 인생이 바뀐 사람들이 바로 이 사람들이다. 만약

에 그가 생각을 바꾸지 않고, 암에 대한 공포로 짓눌러 살았다면 완치되는 것은 불가능했을 것이라고 필자는 생각한다. 생각을 바꾸고 친구로 대하자, 친구는 절대로 친구를 해치지 않을 것이라는 생각이 자신을 구했다.

이것보다 더 극적인 이야기도 있다. KBS 특별 기획 다큐멘터리 '마음'에 소개된 적이 있는 이야기이다. 암에 걸려 살 수 있는 날이 정말로 며칠 안 남은 암 환자인 라이트 씨에 대한 이야기였다. 그는 이미 말기암으로 인해 며칠 안 남았다는 사형 선고를 받아 입원해 있던 환자였다. 오렌지 크기의 종양을 이미 가지고 입원했다. 그렇게 며칠 남지 않은 삶을 살아가던 그에게 희소식이 들려왔다. 암에 효과가 있는 말의 장액인 크레비오젠이 발견되었다는 소식이었다. 이 소식을 듣고서 그는 의사에게 이것을 주입해 달라고 의사에게 요청하여, 주사를 맞았다. 그리고 놀랍게도 그는 며칠 후에도 버젓이 살아서 간호사와 이야기를 나누고 있었을 뿐만 아니라, 오렌지 크기만 한 종양 덩어리가 뜨거운 햇살 아래에서 눈 녹듯이 녹아버렸다.

그리고 그는 2달 동안 더 살았는데, 그가 죽게 된 것은 또한 크레비오젠 때문이다. 왜냐하면 그는 그 날 이후 건강하게 잘 살았는데, 불행하게도 읽지 않았어야 할 의학 기사를 읽게 되었다. 바로 자신의 병을 낫게 해 준 그 말의 장액인 크레비오젠이 엉터리 가짜였다는 사실이 밝혀진 의학 기사였던 것이다. 그 기사를 읽자마자 그에게 암이 재발해 버렸던 것이다. 결국 의사들은 그를 살리기 위해 이전보다 두 배나 강력한 새로운 버전의 크레비오젠이 있다고 거짓말을 했고, 물을 주사했다. 하지만 이번에도 놀라운 일이 벌어졌다. 종양이 마치 오뉴월에 눈 녹듯 녹았다. 다시 라이트 씨는 건강하게 살 수 있었다.

그런데 또 문제가 생겼다. 그것도 두 달 후에 말이다. 크레비오젠이 아무런 효과가 없다는 명확한 기사를 너무나 확고하게 접하게 되었다. 자신의 종양을 두 번이나 사라지게 했던 그 크레이보젠이 어떠한 효과도 없다는 너무나 확실한 기사를 접한 라이트씨는 멀쩡하게 잘 지내다가, 그 기사를 보고 나서 48시간 후에 죽었다. 의사들조차 이 사례에 대해서

도저히 설명조차 할 수 없는 기이한 사례라고 한다.

과연 무엇이 라이트씨에게 종양을 사라지게도 하고, 다시 종양이 나타나게도 했던 것일까?바로 '생각'이었던 것이다. 생각에 따라 우리의 몸은 반응하게 되어 있다는 것이다.

암을 고질병이라고 생각하면 치유율이 38%에 불과하지만, 암을 고칠 수 있는 병이라고 생각하고 자신감을 갖는 사람의 경우에는 완치율이 2배 가까운 70%가 된다는 미국 의학계의 보고가 있었다. 우리의 생각과 마음 상태가 우리의 건강도 좌우한다는 사실을 우리는 명심하자.

잘못된 '생각'이 우리 몸을 망친다.

KBS 특별 기획 다큐멘터리 '마음'에서 방영한 내용 중에 우리의 생각이 우리의 몸을 망치는 경우를 매우 적나라하게 보여준 적이 있다. 이른바 '우유 노시보(nocebo) 실험' 이었다. 우선 다이어트 우유를 개발해서 시음 테스트를 한다고 광고를 내고 사람을 모집했다. 총 7명의 피실험자를 모집한 후 좋고 싱싱한 우유를 먹이고, 시음 테스트를 하는 척했다. 하다가 미리 2명의 피실험자에게 중간에 배가 아프고 속이 안 좋다고 연기를 하게 부탁했다. 멀쩡한 우유를 마셨지만 말이다. 미리 짠 대로 2명의 실험자들은 배가 아프고 속이 안 좋다고 연기를 시작했고, 연기를 시작하자마자 똑같은 우유에 대한 평가가 180도 달라졌다. 이 두 사람이 연기하기 전에는 매우 긍정적인 반응을 보였지만, 두 사람이 이 우유를 먹고 나서 배가 아픈 것을 목격하고 나서는 매우 부정적인 평가를 하기 시작했다.

더욱 놀라운 사실은 멀쩡한 우유를 먹었음에도, 두 사람이 배가 아프고 속이 안 좋아하는 것을 보자마자, 자신들도 속이 안 좋아지는 것을 경험하고, 심지어는 다섯 명 중에 한 명은 식중독이 걸려서 다시 병원에 와서 치료받는 지경까지 이르렀다.

좋은 우유를 마셨음에도 잘못된 '생각'이 우리 몸을 망치고, 우리 배를 아프게 하고, 속이 안 좋게 했던 것이다. 이것이 바로 생각의 위력이다.

이와 같은 사례는 여전히 많다. 이러한 노시보 (nocebo) 효과를 실험한 사례 중 하나는 천식 환자들에게 어떤 증기를 마시게 하고 그것이 화학물질이라서 자극적이며 알레르기를 일으킬 만큼 몸에 나쁜 것이라고 말하자, 환자들 중 거의 절반 정도가 갑자기 호흡에 문제가 생겼고, 그중에 몇 명은 발작 증세까지 일으켰다. 그러고 나서 다시 똑같은 증기이지만, 환자들을 속여, 치료제라고 증기를 주어 들이마시게 했다. 그들 모두는 갑자기 다 치료되었다. 똑같은 증기였는데 말이다.

우리가 어떤 것을 들이마시던, 우리 몸으로 하여금 아프게 하고, 호흡에 문제를 일으키게 하고, 발작을 일으키게 한 것도 바로 우리의 '생각'이었고, 또한 우리로 하여금 치료될 수 있게 해 준 것도 바로 우리의 '생각'이었던 것이다.

좀 더 극적인 사례도 있다.

사형수를 대상으로 너무 잔인한 실험을 했던 적이 있는데, 이것도 우리의 생각이 우리 몸에 미치는 영향을 극명하게 나타내 주는 사례가 되었다. 사형수에게 사형을 집행한다고 말하고, 실제로 사형을 집행했다. 하지만 사형수에게는 모든 것이 실제로 사형을 집행하는 것이었지만, 다른 이들에게는 실험의 일종이었다 먼저 사형수에게 사형을 집행한다고 말한 후에 두건을 씌우게 하여, 진행되는 상황을 보지 못하게 한다. 그리고 나서 진짜 정맥을 자르는 듯한 흉내를 가짜로 내게 했다. 그래서 정맥에 가벼운 상처만 나도록 했고, 그 상처 위에서 물이 떨어지는 소리가 나도록 조작했다. 사형수에게는 정맥이 잘려서, 피가 뚝뚝 떨어진다는 것을 충분히 느낄 수 있도록 상황을 만들었다. 그런 상황에서 시간이 얼마 지나지도 않아서, 그 사형수는 죽었다고 한다. 그런데 더 놀라운 사실은 사형수의 사인이 정말로 정맥이 잘려서, 피가 몸에서 많이 빠져나갔을 때와 동일한 신체 반응을 보이면서, 죽어 갔다는 사실이다.

이것은 우리의 생각에 우리의 몸이 그대로 반응한다는 사실을 잘 말해 주고 있는 것이다. 그 사형수는 '아 이제 내 몸에서 피가 많이 빠져나가는 구나, 나는 이제 피가 없어서 곧 죽겠구나.' 라는 생각을 하게 되었고, 그는 일말이라도 의심을 전혀 하지 못했다. 그러한 생각 그 자체가 사형수를 실제로 죽게 했다. 이러한 사실이 믿기지 않는 독자들을 위해 한 가지 더 실제 사례를 소개 해 보겠다.

이번에는 일부러 그러한 상황을 만든 것이 아니라, 우연히 그러한 상황으로 밝혀진 사례이다. 원양어선의 냉동창고에 실수로 갇히게 된 어떤 선원은 자신이 그 냉동 창고에 갇혔기 때문에, 추워서 죽을 것이라는 잘못된 생각을 하게 되었는데, 실제로 그 냉동 창고는 오랫동안 가동을 하지 않았기 때문에, 온도가 낮지 않았고, 냉동 창고의 크기도 매우 컸

기 때문에 산소도 부족하지 않았지만, 그는 저체온
증으로 몇 시간 만에 죽었다는 실화가 있다. 이것이
바로 우리의 마음과 생각이 우리 몸에 직접적인 반
응을 보이는 경우다.

　이러한 마음의 큰 맹점을 역이용한 것이 바로 점
쟁이들이다. 점쟁이들이 만약에 '당신 이 이름으
로는 스무 살을 넘기기 힘들어 " 라는 말을 하게 되
면, 그 사람은 그러한 생각이 자신을 괴롭히게 된
다. 그러한 마음을 끊거나 그러한 마음에서 벗어나
지 못 하기 때문이다. 그 결과 대부분의 사람은 이
름을 바꾸어야만 심리적 안정을 되찾을 수 있게 된
다. 이런 점에서 점집에 가지 않는 것이 좋은 것이
다. KBS 특별 기획 다큐멘터리 [마음]이란 프로
그램에서도 이와 똑같은 내용이 보도 되었다. 그
중 하나가 사람을 죽일 수 있는 세 가지 직업이 있
는데, 바로 목사, 의사, 점쟁이라고 하는 대목이 나
온다. 의사가 건강한 할머니에게 ' 할머니 죄송한
말씀이지만 할머니는 이달을 넘기기가 힘들겠는데
요 '라고 하면 정말 할머니는 한 달을 넘기지 못할
공산이 매우 클 수밖에 없다. 의사의 말을 통해 들

어온 두려움과 공포로 가득 찬 마음을 쉽게 끊어버
릴 수 없기 때문이다.

- 공포와 두려움을 끊을 수 있다면, 어떤 병도 두렵지 않다.

우리는 분명한 한 가지 사실을 명심해야 한다. 병원에서 진찰 결과 의사가 암이라고 해도 절대로 처음에는 믿어서는 안 된다는 것이다. 만약에 처음 간 병원에서 의사가 암이라고 한다면, 최소한 다른 세 군데 이상의 병원에서 검사를 받아야 한다는 것이다. 최소한 다른 세 군데 이상의 믿을 수 있는 병원에서 똑같은 검사를 받은 후에 세 군데 병원에서 모두 암이라고 하면, 그때 암이라고 믿어도 늦지 않다는 것이다. 암에 걸린 환자들은 사실 암 때문에 죽는 것이 아니라, 암에 대한 공포 때문에 죽는다고 해도 절대 과언이 아니라고 할 수 있기 때문이다. 그리고 우리가 의사의 말을 쉽게 믿어서는 안 되는 더욱 중요한 이유는 오진일 확률이 매우 높기 때문이다.

미국의 의사 협회지(JAMA, 98.10)에서는 놀랍게도 암으로 죽었다고 생각되는 암 환자들을 부검한 결과 44%나 되는 환자들이 오진이었다는 보고를 발표했다. 특히 유방암의 경우에는 오진율이 75%나 된다고 보도한 바 있다. 이러한 사실이 믿기지 않는다면, 서울대 병원장이었던 한만청 박사 부인의 경우를 살펴보면, 믿을 수 있을 것이다.

한만청 박사의 부인이 병원에서 진료받은 결과 유방암이라는 진단을 받게 되었다. 그것도 병원장의 아내이기 때문에 많은 신경을 쓰고, 내린 진단이라는 점에서 우리는 놀라지 않을 수 없다. 그런데 보통 사람의 경우에는 바로 입원하여, 암 치료를 받고, 유방암을 제거할지도 모른다.

실제로 어제 뉴스에 위암 진단을 받고 위의 3분의 2를 절제했던 어느 남자가 의료 보험을 타기 위해 진단 결과를 병원 측에 달라고 하자, 그제야 위암이 아니라고 말을 해서 이 남자는 위암이 아닌데도 위를 잘라 내는 황당한 경험을 하게 되었다. 하지만 이 남자는 불행 중 다행이다. 왜냐하면, 이렇게 암이 아닌데도 오진으로 고통스러운 암 치료를 받거나, 신체의 일부를 떼어내는 큰 수술을 받았음에도, 그 사실을 모른 채 평생 살아가야 하는 사람도 있기 때문이다. 심지어는 암이 아닌데도 오진 때문에, 공포심과 두려움으로 몇 년 밖에 살지 못한 사람의 경우 너무나 많다는 사실을 우리는 알아야 한다. 다시 한만청 박사의 아내 이야기로 되돌아 가자. 한 만청 박사는 아내의 유방암 진단을 그대로 믿지 않았다. 그래서 권위가 있는 암 전문 의료기관 여섯 군데에 조직 검사를 의뢰했다. 그 결과는 매우 놀라웠다. 세 군데 병원에서는 양성이 나왔고, 나머지 세 군데 병원에서는 악성이 나왔다. 그 중에서도 가장 권위가 있고, 신뢰를 하던 명의는 악성이 틀림 없으니, 빨리 수술하고, 항암 치료를 받아야 한다고 강권했다. 이 정도가 되면, 일반인의 경우에는 두 손 두 발 다 들고 수술을 했을 것이다. 만약에 여러분이라면 이 상황에서 어떻게 할 것인가? 빨리 수술을 하지 않으면 위험하다는 것이 상식이다. 수술을 할 것인가? 버틸 것인가? 아마도 십중 팔구는 수술을 할 것이다.

그렇다면 여러분들은 애먼 유방만 제거하고, 암의 공포와 두려움 때문에 몇 년 살지 못 하고 죽게 될 수도 있다. 왜냐하면, 한만청 박사의 아내는 암이 아니었기 때문이다. 한만청 박사는 여기에서 포기하지 않고, 다시 세계 최고의 의료 기관인 미국의 한 의대에 조직 검사를 의뢰했다. 그리고 그 병원으로부터의 검사 결과 양성 판정을 받았다. 그리고 지금까지 그의 아내는 잘 살아 있다.

의사의 오진이 무서운 이유는 멀쩡히 건강하게 잘 살던 사람마저도 공포와 두려움 때문에 암 환자와 똑같이 몸이 반응한다는 사실 때문이다. 그래서 건강한 사람이라도 의사라는 가운을 입은 사람이 '당신은 암 환자입니다.' 라고 하면, 그때부터 없던 암이 생기고, 암 환자가 겪게 되는 몸의 반응을 그대로 나타내게 된다는 것이다. 그 결과 암 환자처럼 그렇게 죽어 가게 된다는 것이다 물론 이 과정에는 마음의 작용이 필연적으로 개입을 한다. 이 반대로 의사가 암 환자라도 단순한 담석 제거라고 속이고, 암을 속여서 말하지 않았던 63세의 디 엥겔로 부인의 경우에는 마음으로부터 암에서 해방되었기 때문에, 몸이 따라 가는 것이다.

불이 난 경우 불보다는 연기에 질식해서 죽듯이, 암 환자도 암이라는 세포 자체 때문에 죽는 것이 아니라, 불치병이라는 암이 자신을 죽이고 말 것이라는 생각과 공포감이 결국에는 자신을 죽이게 된다는 사실을 알아야 한다. 암은 조기 발견만 하면 95% 이상 치료가 가능하다고 한다. 하지만 필자는 우리나라에서 발생하는 높은 암 발생율과 사망률에 대해 이의를 제기하고 싶다. 암에 걸려서 조기 발견해서 간단한 수술로 쉽게 나았다고 하는 사람 중에 많은 사람들이 초기 암이기 때문에, 다른 2차, 3차의 검사도 없이, 바로 상대적으로 간단한 수술을 하고, 완치되었다고 기뻐한다. 하지만 그 중 오진의 경우가 상당히 많다고 필자는 생각한다.

 암 발생율이 특히 높은 우리나라의 경우, 소수의 나쁜 의사들이 돈을 더 많이 벌기 위해, 이 비율을 뻥튀기하는 것인지도 모른다. 최근에 대형 병원의 의사들이 자신의 실적을 위해 불필요한 진료와 치료, 수술을 강요하고 있다는 씁쓸한 방송을 봤다. 그렇다면 한국 사람들이 많이 두려워하는 암에 대해서도 똑같은 현상이 발생한다고 봐야 하지 않을까?

이러한 여러 가지 사례들을 통해, 우리들은 우리의 건강도, 우리의 인생도, 마음을 통해 극적으로 변화시킬 수 있다는 사실을 알게 되었다. 이것이 바로 마음 혁명인 것이다. 마음을 통해 우리의 삶과 건강, 행복, 성공을 일구어 나가는 것이 마음 혁명이다.

미국의 심리학자이자 철학자인 매슬로는 마음이 변하면 인생도 따라서 변한다는 사실을 좀 더 길고 장황하게 이렇게 말한바 있다. " 마음이 변하면 태도는 저절로 변하고, 태도가 달라지면 습관도 따라서 달라진다. 또 습관이 달라지면 성격이 바뀌고, 성격이 바뀌면 인생도 따라서 변화한다."

우리는 우리가 하는 생각과 마음 상태가 우리의 생명도 살리고, 우리의 삶도 변화시킨다는 사실을 알았다. 그렇다면 우리의 생각과 마음을 어떻게 다스리고 통제할 수 있을 까? 그러한 방법에 대해서 3가지로 나누어 말한다.

단사리 마음 혁명은 공포와 집착을 끊는 단(斷)에

서 시작하여, 욕심과 욕망을 버리는 사(捨)로 이어
져, 마지막 완성은 거짓된 부와 세계로부터 떠나는
리(離)로 마무리가 된다. 이것이 이 책이 주장하는
단(斷)·사(捨)·리(離) 마음혁명이다.

단(斷)·사(捨)·리(離) 마음혁명의 첫 단계는
끊는 것이다.

2부. 집착을 끊을 때 비로소 자유가 온다

- 모든 집착과 중독을 끊어라.

단사리 마음혁명의 첫 번째 단계는 마음으로부터 모든 집착과 중독을 끊어 버리는 것이다. 과거의 실패에 대한 아픔과 후회를 하는 마음을 끊어야 한다. 그래야 우리는 앞을 향해 오롯이 에너지를 집중하면서 나아 갈 수 있게 된다. 삶의 모든 중독을 끊어야 한다. 그렇게 하지 않으면, 우리는 행복한 삶을 살아갈 수 없다.

우리의 마음이 진정 자유를 누릴 수 있도록 해 주어야 한다. 바로 그 때, 행복이 찾아오기 때문이다. 돈과 명예와 학식과 권력이 아무리 많다 해도, 우리가 무엇인가에 집착하고 있다면, 그리고 그 집착을 마음으로부터 온전하게 끊을 수 없다면, 우리는 절대 행복해질 수 없다.

집착하면 할수록 그 집착의 대상은 우리의 숨통을 조이기 때문이다. 그래서 결국 파멸로 치닫게 되는 것이다. 우리가 집착할 수 있는 대상은 너무나 다양하다. 어떻게 생각하면, 이 세상에 존재하는 모든 것이 집착의 대상이 될 수 있다. 이 말은 다시 말해, 이 세상의 모든 존재는 집착의 대상이 가능하면서 동시에 사랑의 대상이 될 수 있다. 그래서 우리는 집착과 사랑을 구별해야 한다.

집착은 이기적인 마음이 그 토대가 된다. 그래서 나를 위해 무엇인가에 집착하게 된다. 하지만 사랑은 그 반대다. 사랑은 이타적인 마음이 그 토대가 되기 때문에, 상대방을 위해 나 자신을 희생할 수 있게 된다. 그래서 집착은 하면 할수록 아이러니하게도 내 마음이 작아지고, 좁아지고, 편협해진다. 하지만 사랑은 하면 할수록 아이러니하게도 내 마음이 넓어지고, 행복해지고, 충만해진다.

집착을 하면 할수록 그 대상에 우리는 의존하게 되고, 그 대상에 우리의 운명을 내맡기게 된다. 그래서 결국 파멸에 이르게 되고, 그 대상의 노예로 전락 되어 버리게 된다. 이것은 돈이 아무리 많다고 해도, 그것으로 해결 될 수 없다. 집착의 문제를 해

결할 수 있는 유일한 방법은 마음으로부터 그 집착의 사슬을 완전히 끊어 버리는 것이다. 마음으로부터 집착의 고리를 끊어 버릴 때, 우리는 참 된 자유와 해방을 누리게 되고, 진정한 자유로운 영혼이 될 수 있다.

– 집착해서는 안 되는 진짜 이유들

회사를 그만두고 새로운 인생을 살기 위해 필자는 과감한 결단을 한 바 있다. 아마도 인생에서 가장 중요한 결단이었을 것이다. 십 년 이상 매일 아침에 일찍 일어나 출근하던 삶에서 해방 되어 자유인이 된 것이다. 하지만 문제가 생겼다. 아침에 일찍 일어나 의무적으로 출근해야 할 회사가 없어지자, 밤에 일찍 자려고 하지 않게 된 것이다. 새벽 2시도 좋고, 새벽 3시도 상관없었다.

취침 시간이 이렇게 늦어지면서 결국 심한 불면증에 시달리게 되었다. 말도 되지 않았다. 웬 불면증이란 말인가? 그 때 나는 처음 알았다. 어떤 고통보다 불면의 고통이 심하다는 것을 말이다. 사람이 미칠 정도로 불면의 공포와 고통은 나를 괴롭혔다.

밤마다 고통이 심해져 정신병자가 되는 것은 시간 문제가 아닐까? 라는 생각도 하게 되었다. 그렇게 온통 내 머리에서는 불면이 자리 잡게 되었다. 밤마다 처절한 불면과의 싸움이 계속되었고, 그럴수록 내 몸과 마음은 지쳐갔다.

한 마디로 원자폭탄을 맞은 도시처럼 피폐해져 갔다. 이때 느낀 이상한 점은 잠을 자기 위해 억지로 노력하면 할수록 나의 정신은 더욱더 또렷해졌다는 것이다. 잠에 집착을 하면 할수록 잠은 멀리 달아나는 듯했다. 새벽이 흘러갈수록 잠을 제대로 자야 내일 활동을 제대로 할 수 있기때문에 초조함은 더욱 심해졌고, 잠을 자야 한다는 강박관념에 집착을 하지 않을 수 없었다. 하지만 그럴수록 거짓말처럼 정신은 더욱 말똥말똥해지는 경험을 하게 되었다.

결국 그러한 악순환을 하다 보면 날이 밝게 되고, 비로소 모든 것을 포기하게 된다. 잠을 자야 한다는 강박관념도 다 내려놓게 된다. 더 이상 잠에 집착하지 않게 되는 그 순간은 마음으로부터 잠을 자야 한다는 생각을 끊었을 때였다. 그 순간 놀라운 일이 일어난다. 잠에 대한 집착을 끊는 순간 순식간에 잠에 빠져들게 되는 자신을 발견하게 된다.

바로 이것이 우리가 집착을 해서는 안 되는 진짜

이유다. 집착하면 할수록 그 대상은 우리로부터 멀리 달아나기 때문이다.

집착하는 순간 숨도 못 쉬게 된다.

필자의 경우에는 잠을 자는 것 말고도 놀라운 경험을 한 적이 있다. 평생 처음으로 가까운 동남아인 태국의 푸켓에 갔을 때의 경험이었다. 패키지여행이라서 제주도에 가는 것과 비슷한 저렴한 경비의 여행이었는데, 처음으로 스킨 스쿠버를 한 적이 있다.

정말 지금 생각해도 짜릿한 경험이었다. 3살도 채 안 된 딸과 아내와 함께 간 저렴한 가족 여행이자 첫 동남아 여행이었는데, 3박 4일 동안 함께 버스를 타고 움직이게 되는 다른 팀들도 있었다. 어떤 팀은 젊은 커플이었고, 어떤 팀은 여성분 혼자 온 팀도 있었고, 어떤 팀은 젊은 부부인 팀도 있었다.

이렇게 단체로 몰려다니기 때문에 제주도에 가는 것보다 더 경비가 싼 것임을 알게 되었다. 처음으로 가는 해외 여행이기에 너무나 즐거웠다. 하지만 문제는 스킨 스쿠버를 하던 날이었다.

스킨 스쿠버를 하기 위해서는 별도로 100달러를 더 내야 하는 선택 옵션이었다. 모처럼 들뜬 기분에 신청하게 되었고, 여행 이틀 차에 스킨 스쿠버를 하게 되었다. 그런데 필자는 스킨 스쿠버를 체험하면서 죽을 뻔했다.

작은 통통 배를 타고 멋진 섬에서 약간 떨어진 곳으로 나왔다. 푸른 바다빛이 정말 보기에 좋았다. 파도도 거의 없었다. 가이드의 말에 따라 잠수복을 갈아입고, 간단한 스킨 스쿠버 규칙에 대해서 배우고, 바로 바다에 뛰어들었다.

한 사람의 스킨 스쿠버 가이드가 두 사람을 한 조로 붙잡고 바다에 내려가서 한 시간 정도 바다속을 보여 주며 안전을 책임진다. 스킨 스쿠버 선택 옵션을 신청한 팀은 젊은 커플과 혼자 온 여성 팀과 필자였다. 그래서 자연스럽게 젊은 커플을 담당하는 스킨 스쿠버 가이드 한 명이 선정되었고, 나는 혼자 온 젊은 여성분과 한 조가 되어 바다를 탐험하게 되었다.

갓난아기를 봐야 하는 아내에게는 정말 미안했다. 그런데 미안해할 틈도 없었다. 당장 바다에 들어가야 하기 때문이다. 그런데 별로 겁은 나지 않았다. 하지만 막상 바다로 들어가기 위해 산소통을 메고, 배에서 내려 바다 위에 떠 있을 때부터 공포가 엄습해 왔다. 갑자기 숨 쉬는 것조차 힘이 들었다.

  "헉, 헉, 잠깐만요! "

잔뜩 겁을 집어먹었던 것이다. 문제는 이제부터였다. 스킨 스쿠버 잘못 하다가 큰 사고를 당한 사람들이 있다는 생각이 주마등처럼 뇌리를 스치고 지나갔기에 공포는 더 심해졌다.
가장 큰 문제는 스킨 스쿠버를 체험하기 전에 며칠이나 최소한 몇 시간은 연습한 후에 체험을 하지 않고 5분 정도 설명을 듣고 바로 바다로 들어 가게 한다는 것이었다. 그리고 더 큰 문제는 필자였다. 처음에는 전혀 걱정도 하지 않았지만, 호흡기를 입에 물고 물에 들어가자 모든 의식이 숨 쉬는 것에 집중하게 되자, 상황이 바뀌어서 숨 쉬는 것이 이렇게 힘이 들고, 불규칙하며, 하기 힘든 것이었다는 사실을 평생 처음 알게 되었다.

물에서는 생명을 지켜 주는 것이 바로 산소통으로 하는 호흡이었기 때문에 자연스럽게 모든 신경과 의식이 호흡에 집중되게 된다는 사실도 그때 처음 알게 되었다. 혼자 온 여성은 별 무리 없이 잘하는 것 같았다. 그런데 대한민국 육군 병장 출신의 나는 왜 못 하는 것일까? 두세 번 물에 들어갔다가 다시 수면 위로 나와야 했다. 숨쉬기가 너무 힘이 들고 불했기 때문이다.

숨쉬기에 집착하면 할수록 이상하게도 더 안 되었다. 숨이 막히고 죽을 것 같았다. 도저히 스쿠버 다이빙을 할 수 없었다. 너무 무서웠다. 포기하려고 생각했다. 그런데 가이드가 막 화를 냈다. 지금 와서 포기하면 안 된다는 것이다. 물론 태국 분이라서 직접적인 의사소통을 못 했지만, 표정이 그렇다는 것이다.

옆에 함께 있는 한 조가 된 젊은 여성분에게 더 미안했다. 나 때문에 스쿠버 다이빙을 못 하게 되는 상황으로 진행되고 있기 때문이었다. 하늘을 보니 너무 맑았고, 옆을 보니 푸른 바다였다. 이렇게 좋은 곳에서 죽을 수는 없었다. 그리고 더욱더 쪽팔릴 수는 없었다. 지금 생각하면 벌써 십 년도 더 된 일이었다.

옆에 있던 함께 온 여성분이 보다 못해 조언해 주었다.

" 오빠, 바닷속 경치에만 집중해 보세요. 너무 좋아요! "

며칠 함께 다니면서 밥도 같이 먹고, 하루 종일 함께 다녔기 때문에, 자연스럽게 친해졌다. 이 말을 듣고 마지막 용기를 내어 바다로 다시 들어갔다. 가이드의 짜증과 화도 한 몫 했다.

숨 쉬는 것에 집중하지 않고, 이번에는 최대한 바닷속 경치에만 집중하려고 했다. 그 순간 숨 쉬는 문제 때문에 제대로 보지 못했던 환상적인 바닷속이 비로소 내 눈에 들어오기 시작했고, 비로소 바닷속 풍경에 빠져 들었다. 이렇게 멋진 곳이었다니!

그렇게 1시간이 넘게 화려한 물고기들과 함께 바닷속을 누비게 되었다. 조금 전에 호흡에 문제가 있어서 고통스러워했던 자신은 완전히 사라졌다. 단 몇 분 사이에 호흡법을 배운 것도 아니었지만, 호흡에는 아무 문제가 없었다는 것을 뒤늦게 깨닫게 되었다. 문제는 집착이었다.

왜 이렇게 놀라운 현상이 발생했던 것일까? 왜 우리는 집중하면 할수록 부자연스러워 지고, 더 안 되는 것일까? 바로 집착의 영향력 때문이다. 이러한 현상에 대해 연구하고, 이러한 현상을 심리 치료에 이용하는 심리학자가 있다는 사실을 알게 되었다. 바로 세계적인 베스트 셀러인 [공포의 수용소] 저자인 빅터 프랭클 박사이다.

그는 우리의 심리와 의식이 어떤 문제에 집착하면 할수록 상황이 악화된다는 사실을 발견했다. 그래서 어떤 문제에 대해서 지나치게 집착하거나 의식하지 않고 자연스럽게 받아들이기 위해 관심이나 의식을 다른 곳으로 돌릴 수 있도록 유도하여 치료하는 방법인 일종의 '반작용 기법"을 개발해 내었다.

이처럼 우리가 의식적으로 집착하지 않을 수 있을 때 우리는 어떤 것의 악영향으로부터 벗어날 수 있다. 그리고 무엇보다 우리의 삶을, 그리고 우리의 지금 이 순간을 오롯이 즐길 수 있게 해 준다. 우리가 무엇인가에 집착하는 순간 우리는 그것을 제대로 즐기고 누리지 못 할 뿐만 아니라 그것 자체도 제대로 획득해 낼 수 없다.

– 집착이 목표를 달성하지 못하게 한다.

필자는 직장 생활을 하면서 목표에 집착하는 것이 얼마나 큰 걸림돌이 되는지에 대해 경험한 적이 있다.

사내에서 사업부별로 6 시그마 경진 대회를 할 때의 일이었다. 그 때는 한국 사회에 6 시그마가 유행이었다. 특히 기업체에서는 그랬다. 그 덕분에 정보통신본부, 가전본부, 미디어본부 등 사업부별로 6 시그마 프로젝트에 대한 경진 대회를 하게 되었는데, 필자가 정보통신본부 대표로 선정되어 몇 개월 동안 6 시그마 프로젝트를 진행하고, 발표 자료를 만들어, 경진 대회 때 발표해야 했다.

이 경진 대회는 사업부장님들도 참석하기 때문에 사업부의 자존심이 걸린 민감한 문제였다. 1등을 해야만 하는 그러한 자리라고 할 수 있다. 특히 다른 사업부에 비해 수익이 큰 정보통신본부였기 때문에 무엇을 해도 늘 1등을 해야 그것이 맞다고 생각했다.

그때부터 목표는 자연스럽게 정해졌다. 바로 1등을 하는 것이었다. 그래서 그때부터 오직 1등을 위해 프로젝트를 구상하고, 기획하고, 실행하고, 보고서를 작성하고, 발표문까지 작성해야 할 막중한 임무가 주어진 것이었다. 그 때부터 오로지 나의 목표는 1등을 하는 것이 되었다. 확고한 목표, 반드시 달성해야 할 목표가 자연스럽게 정립되고부터 나의 생활은 오직 목표에 이끌리는 삶이 되었다.

인생의 큰 문제는 목표를 세운 후부터 발생하게 된다는 사실을 비로소 알았다. 목표가 내 삶에 세워진 후부터 나의 삶에는 어떠한 기쁨이나 환희도 남아있지 않게 되었다는 사실도 알게 되었다. 모든 여유와 안식이 순식간에 사라졌다는 것도 알게 되었다.

목표를 설정하면서, 자신도 모르게 목표에 집착하게 되었고, 목표만 생각하게 되면서, 어떠한 재미도 사라지게 되었다. 더 큰 문제는 목표에 집착하면서, 도저히 어떤 프로젝트를 해야 할지 기획하고 구상하는 것이 불가능해졌다. 제대로 된 프로젝트에 대한 아이디어가 하나도 나오지 않았던 것이다.

평소에는 그렇게 잘도 나오던 아이디어가 한순간에 사라져 버리고 메말라 버렸다. 그렇게 한 두 달간 시간을 낭비하며 아무것도 하지 못한 채 보내야 했다. 그러다가 결국 마음을 비우기로 결심했다. 다른 방법이 없었기 때문이다.

1등을 해야겠다는 욕심을 버리고, 목표에 대한 집착을 버린 순간, 새로운 아이디어들이 샘솟는 놀라운 경험을 하게 되었다. 2개월 동안 단 하나의 아이디어도 생각해 내지 못했지만, 마음을 비우는 순간 하루 만에 20개의 아이디어 기획안이 쏟아져 나왔고, 그중에 가장 좋은 것을 하나 선택하여 프로젝트를 할 수 있게 되었다. 무엇보다 프로젝트를 진행하는 내내 즐겁고 기쁜 마음으로 프로젝트에 몰두할 수 있어서 좋았다. 이것이 모두 마음을 비우고, 집착을 끊었기 때문이었다.

목표에 대한 집착을 끊은 결과, 6 시그마 경연 대회에서 보란 듯이 1등을 차지하게 되었다. 놀라운 일이었다. 목표에 대한 집착과 욕심이 오히려 목표 달성에 큰 해가 된다는 사실을 알게 되었다.

- 성공의 비결은 집착을 끊는 것이다.

이러한 경험을 하면서 과거에 읽었던 장자의 한 이야기가 머리를 스쳤다.

아무 사심 없이 활시위를 당기고 있는 궁수는 자기 능력을 유감없이 발휘하지만, 만약 그가 상금을 탐내어 활을 쏘게 된다면, 그는 이미 상금에 대한 집착과 욕심으로 자신의 실력을 제대로 유감없이 발휘하지 못하게 된다는 이야기였다. 어떠한 상금이나 대회가 아닐 때는 사심 없이 활을 쏘고, 자기 능력을 유감없이 발휘해 낼 수 있는 궁수지만, 일단 승리나 상금에 집착하게 되면, 승리하고자 하는 욕구에 대한 집착 때문에 자신의 에너지가 분산되고 고갈된다는 것이다.

이 얘기와 비슷한 얘기가 있다.

옛날에 사냥꾼이 사냥하러 갔다가 돌아오는 길에 큰 호랑이를 발견하고, 너무나 가슴 벅차서 호랑을 향해 힘껏 활시위를 당겼다. 그 결과 호랑이를 정통으로 맞혔다. 그래서 가까이 가 보니 놀랍게도 호랑이가 아니라 큰 바위였음이 밝혀졌고, 그 사냥꾼은 너무 놀라게 되었다고 한다. 그래서 어떻게 활이 바위를 뚫고 꽂힐 수가 있을까에 대해 도저히 믿지 못해서 다시 그 원래 자리로 가서 똑같이 활시위를 당겨보았다고 한다. 몇 번을 똑같이 했지만, 그 때마다 활은 바위를 뚫지 못하고 바위 아래로 떨어지는 것을 눈으로 지켜봤다. 이 차이가 무엇일까? 그것은 처음에는 어떠한 사심이나 집착도 없이 자신의 활을 쏜 것이다. 물이 흐르듯, 태산이 있는 것처럼 말이다. 그때 가장 큰 위력이 발생한다. 하지만 후자의 경우에는 이미 마음에 집착과 욕심, 욕망이 가득 찬 상태가 되었다. 자신이 활을 쏘아 바위를 뚫을 만큼 위대한 궁수라는 사실에 대한 욕망과 욕심, 그리고 그러한 사실을 확인하고자 하는 욕망 등에 대한 집착 등이 마음에 가득 찬 상태였기 때문에 아무리 활을 쏘아도 절대로 바위를 뚫을 수 없게 되었다.

이런 점에서 우리는 집착이 얼마나 우리의 삶에서 걸림돌이 되는 것인지 똑똑하게 알 수 있었을 것이다.

이러한 원리는 자연의 가장 큰 원리이며 자연의 법칙이라고 필자는 생각한다. 무엇을 하든 마음을 비우고, 집착을 끊을 때 가장 큰 성과를 나타낼 수 있는 것이다. 하물며 싸움할 때도 마찬가지다. 분노에 가득 찬 상태에서 힘이 잔뜩 들어가 있으면 싸움에서 패할 수 밖에 없다. 이기고자 하는 욕심, 반드시 복수하겠다는 욕망에 대한 집착 때문이다. 싸움을 정말 잘 하는 사람들이나 무술의 고수들은 절대 분노하지 않고, 마음을 다스린다. 싸움을 잘 하고 무술의 고수가 되는 비결은 힘을 키우는 것이 아니라, 마음을 다스리는 데 있는 것이다. 우리가 잘 알고 있는 이소룡의 경우도 그렇다. 그는 자신이 무술을 잘할 수 있는 비결을 한 마디로 '마음을 비우고 힘을 빼는 것' 이라고 말한 바 있다. 다시 말해 '힘을 뺄수록, 더 빠르고 더 강력해 진다.' 는 것이 그의 지론이다.

이것은 우리의 삶의 모든 분야에서 동일하게 적용된다. 집착을 끊고 마음을 비우고 힘을 뺄 때 더 잘할 수 있고, 더 빨리 할 수 있다. 그것이 성공의 비결이기도 하다. 성공을 추구하되, 성공에 집착하지 않는 사람이 성공할 수 있다. 성공을 추구하면서 성공에 집착하게 되면, 그 사람은 성공이라는 정상에 도달하기도 전에 자신의 모든 에너지를 다 써버려 고갈되게 된다. 그러한 사실을 우리는 알아야 한다.

− 몸과 마음은 하나로 연결되어 있다.

우리의 몸과 마음은 하나로 연결되어 있다. 이 하나의 문장이 내게 큰 자극을 주었다. 우리는 현실과 상황이 우리의 몸과 연결되어 있다고만 그동안 생각했기 때문이다. 마음은 너무나도 보이지 않는 것에 불과하였기 때문에 신경도 쓰지 않았다. 당연히 마음을 관리하고, 통제하고, 다스리는 일에 대해서는 등한시하게 되었다.

집안이 온통 어지럽게 쓰레기장처럼 되어 있을 때는 우리 마음이 정리가 되지 않고 우리 마음도 따라서 혼란스럽다. 그래서 집안을 깨끗하게 청소하고, 정돈하면 놀랍게도 마음이 깨끗이 정리되고 청소가 된 느낌을 느낄 수 있다. 이것은 사실이다. 하지만 이것보다 더 중요한 사실이 있다. 환경을 청소하거나 정리할 수 없을 때 어떻게 할 것인가이다.

우리의 마음은 우리의 환경과 연결되어 있고, 영향을 받는 것이 사실이듯, 우리의 몸 또한 우리의 마음과 연결되어 있고, 직접적인 영향을 받는다. 그래서 마음으로부터 우리가 진정 행복하다면, 그것은 실제로 행보한 것이 된다. 우리가 아무리 돈이 많고 풍요롭다고 해도 마음이 항상 가난하고 궁핍하고 만족함이 없다면 그 사람은 엄밀하게 말해서 부자라고 말 할 수 없다. 참 된 부자는 마음이 부요한 사람이며, 만족할 줄 아는 사람이어야 하기 때문이다.

" 돈은 아직까지 어느 누구도 부자로 만들지 못했다."

루시우스 아네우스 세네카의 이 말처럼, 돈은 우리를 부자로 만들어 주지 못한다. 그리고 돈은 우리를 진정 가난으로부터 해방시켜 주지 못한다. 우리로 하여금 진정 부요 하게 해 주는 것은 가난과 궁핍으로부터 탈출할 수 있게 도와주는 돈이 아니라, 가난과 궁핍과 전혀 다른 차원의 마음의 자유와 풍요로움인 것이다. 이런 점에서 부자이지만 가난하게 사는 가난한 사람이 있고, 가난하지만 부요하게 사는 참된 부자가 있다고 말할 수 있다. 그 차이는 무엇일까? 바로 마음으로부터 물질에 대한 집착을 끊어버린 자와 그렇지 못하고 끝까지 그것에 집착하는 자의 차이이다.

우리가 집착을 끊어 버리지 못한다면 아무리 돈을
많이 벌어도, 아무리 출세한다 해도, 아무리 큰 명예
를 얻는 다 해도, 그것이 절대로 우리에게 만족감을
주지 못하며, 우리를 행복하게 해 주지 못한다. 결국
모든 것을 바쳐서, 승자가 된다 해도, 우리는 여전히
집착의 노예가 되어, 허덕이게 되기 때문에, 집착을
끊어 버리는 것 말고는 참된 자유를 누릴 수 있는
길이 없는 것이다.

– 돈에 대한 집착이 부자로 살지 못하게 한다.

우리는 알게 모르게 부에 대해 경쟁적으로 집착을 하고 있다. 그래서 이웃집에서 누군가가 더 큰 평수로 이사를 가게 되면, 몇 달 동안 기분이 나빠지고, 이웃집에서 더 좋은 자동차를 사면 시기와 질투심이 발동한다.

오죽했으면, '이웃사촌이 땅을 사면 배가 아프다'는 속담이 생겼을까? 그만큼 우리는 알게 모르게 무의식적으로 부에 대해 경쟁을 하고 비교를 하는 동물임에 틀림없다. 하지만 이렇게 비교하게 되고, 돈에 대해 집착을 하면 할수록 불행해지는 것은 바로 우리자신이라는 사실을 우리는 알고 있다.

돈이 아무리 많아도 집착하는 한 부자로 풍요롭게 살지 못하고, 돈이 없는 가난한 사람들과 마찬가지로 살아가는 사람들이 우리 주위에 적지 않다. 반대로 돈은 없지만 마음이 풍요로워서 부자처럼 살아가는 사람도 우리 주위에 많다.

왜 이토록 많은 사람이 돈을 많이 벌었음에도 돈을 정복하지 못하고 돈을 제대로 사용하지 못하는 것일까? 그것은 돈보다 먼저 자신을 정복하지 못했기 때문이다. 자신을 정복한다는 것은 자신의 조종석인 마음을 제대로 정복하지 못한 것이라고 할 수 있다. 고대의 철학자 플라톤은 '자신을 정복하는 것이 가장 중요하며, 가장 고귀한 승리'라고 말했다. 그의 말대로 자신을 정복하지 못한 자는 아무리 돈을 많이 소유한다 해도 그것으로 돈을 정복했다고 할 수 없다.

돈을 정복한다는 것은 돈의 노예가 아닌 주인이 된다는 것이다. 돈의 주인은 무조건 돈을 아끼는 구두쇠나 인색한 사람이 아니라, 필요할 때 돈을 쓸 줄 아는 사람이기 때문이다. 돈에 대한 집착이 우리로 하여금 돈에 대해 노예로 살게 만드는 것이다. 집착을 끊어 버릴 때 우리는 비로소 돈의 주인으로, 진짜 부자로 살아 갈 수 있을 것이다.

– 집착은 우리로 하여금 병들게 한다.

아이러니하게도 삶에 대한 집착이 우리로 하여금 더욱 병들게 하고, 우리의 수명을 단축시킨다. 과거 천자문(千字文)을 완성했다고 하는 주흥사의 이야기를 통해 우리는 알 수 있다. 누명을 쓰고 사형위기에 놓여 있던 주흥사는 양 무제의 말을 듣고 혼신을 다해 천자문을 완성하게 되었는데, 양무제는 자기 아들의 초학 입문서를 만들어 주면 목숨을 살려주겠다고 약속했다. 모두 다른 한자 1,000자로 1구 4자의 사언 고시 250구로 되어 있는 천자문은 그렇게 만들어진 것이라고 전해진다.

그런데 그 과정에서 주흥사는 삶에 대한 집착과 두려움으로 비록 하룻밤 사이에 천자문을 완성하지만, 그것 때문에 머리가 백발이 되어버렸다고 또한 전해진다. 삶에 대한 집착은 이렇게 우리로 하여금 정상에서 벗어나 병들게 하고, 아프게 하고, 백발이 되게도 한다. 이러한 집착은 바로 스트레스로 이어진다. 스트레스로 인해 그는 검은 머리가 다 빠지고, 흰 머리만 남게 되었던 것이다.

오늘날에도 이와 같은 주홍사는 많다. 무슨 큰 고민이나 문제가 있으면 우리는 그 문제에 집착하기 때문에 주홍사처럼 머리가 빠질 정도로 심한 두통과 소화 불량, 심지어는 큰 병에 걸리기도 한다. 이것이 모두 집착이 불러오는 것들이다.

이러한 집착을 통해 죽음에까지 이른 사람이 실제로 있을까? 실제로 있다. [마음의 기적]이란 책에서 심신 의학의 최고 권위자인 디팩 초프라는 42세의 회사 임원이었던 에버리씨가 회사 일에 너무 바빠서 15분의 진료 대기 시간조차 참지 못하며, 입원하라는 의사의 권고에 흥분하다가 병원에 찾아온 지 20분 만에 죽고 만 사례를 소개한다. 과연 그는 왜 죽을병에 걸린 것도 아닌데 병원에 입원하라는 의사의 말을 듣고 20분 만에 죽게 되었던 것일까? 그것은 바로 회사 일에 대한 집착 때문이다. 회사를 다녀 본 사람은 알 것이다. 회사 일이 자신에게 전부라는 것을 말이다.

필자의 경우에는 크리스마스 이브 저녁에 유럽행 비행기 안에서 출장을 떠나고 있었고, 신정과 구정

명절에는 구미에 있는 공장에서 생산 라인을 점검하고 있었다. 심지어 하계 휴가 기간이어서 공장의 모든 직원이 휴가를 간 텅 빈 공장에 혼자 출근하여 일을 했다. 그들이 휴가를 떠난 날부터 그들이 휴가를 마치고 돌아올 때까지 말이다. 일에 미치면 아무것도 보이지 않는 다. 42세의 에버리씨는 이랬던 것이다. 일에 집착하였고, 회사에 집착하였다. 자신의 몸도 건강도 중요하지 않았던 것이다. 이렇게 집착하게 되면, 그 결과는 매우 무서운 것이다. 열심히 일을 하는 것과 집착을 하는 것의 차이는 좀처럼 눈으로 보아서는 구별할 수 없지만, 이렇게 위기 상황이 되면 쉽게 드러난다.

전자의 경우에는 밥도 먹고, 휴식도 취하고, 휴가도 가고, 운동도 하면서 일을 한다. 하지만 후자의 경우에는 밥도 대충 먹고, 휴식도 취하지 않고, 휴가도 반납하고, 운동도 하지 않고 일에 집착하는 것이다. 배가 고파서 밥을 먹는 것은 자연스럽고 건강한 행위이다. 하지만 음식에 집착하여 하루에 다섯 끼를 먹는 것은 건강에 위험한 행동이다. 똑같이 밥을 먹는 것이지만, 전자와 후자는 하늘과 땅만큼의 차이가 있는 다른 행동이다. 우리의 삶도 이와 같다. 열심히 건강하게 살아가는 것과, 무엇인가에 집착을 하면서 살아가는 것은 엄연히 다른 것이다.

미국의 뉴저지 주 러커스대학교의 사회학자 엘렌 아이들러 교수는 스스로 건강하다고 생각하는 사람들이 실제로 오래 살게 된다는 사실을 밝혀냈다. 자신의 건강 상태가 양호하다고 생각하는 사람이 자신의 건강 상태가 좋지 못 하다고 생각하는 사람들보다 훨씬 더 오래 살 수 있는 확률이 높으며, 실제로 그렇게 된다고 한다.

**– 집착은 많은 것들을 착각 속에 살도록 우리를 이
끈다.**

미국의 저명한 희극 배우인 릴리 톰린의 매우 재치
있는 말이 이러한 사실을 잘 대변 해 주고 있다.

" 쥐들의 경쟁에 참가하는 데에 있어서 문제는 비
록 당신이 승리를 한다고 하더라도, 당신은 여전히
한 마리의 쥐일 뿐이라는 것이다."

그렇다. 그의 말은 정말 놀라운 통찰력이 담긴 말이
다. 우리가 아무리 열심히 살아도, 그리고 그 경쟁
에서 승자가 된다 해도, 우리는 여전히 한 명의 인
간에 불과 하다. 인간은 누구나 죽어야 한다. 영원
히 살 수는 없다. 인생의 수가 길어야 80이다. 강건
하면 100세 정도나 그 이상 살 수 있는 사람도 있지
만, 보통은 그것이 전부이다. 하지만 우리 인간은 승
자가 되면, 마치 영원히 살 수 있는 듯, 천년만년 그
것을 누리며 살 수 있는 듯, 착각에 빠진다는 것이
다. 그것이 집착이 초래하는 가장 큰 병폐이다.

우리가 집착하는 그 대상이 무엇이든, 그것에 집착하여, 그것을 얻게 된다면, 마치 우리가 세상에서 가장 행복한 사람이 될 수 있을 것이라고 생각하게 만든다는 것이다. 하지만 우리는 이미 세상에서 가장 행복한 사람이 될 수 있는 도구를 우리 내면에 가지고 태어난 존재이다. 무엇인가에 집착한다는 것은 그러한 도구를 사장시키고, 헛된 길을 자신도 모르게 선택하는 것과 같은 양상이 되어 버리는 것이다.

마음혁명에서 가장 중요한 것은 모든 집착을 끊어 버리는 것이다. 그것이 가장 중요하며, 가장 첫 번째 순서이기 때문이다. 집착은 우리와 우리의 삶을 숨 가쁘게 만든다. 무엇인가에 쫓기며 사는 삶과 무엇인가에 집착하여 살아 가는 삶은 여유와 안식이 없다는 점에서 동일한 삶이다.

우리가 마음으로부터 모든 집착과 중독을 끊어 버리는 최고의 방법은 우리의 마음을 완전하게 비우는 것이다. 우리 마음에 아무것도 없다면, 집착과 중독이 사로 잡을 수 있는 어떤 것도 없기 때문이다. 마음을 비운다는 것은 그런 이유에서 끊어 버리는 것과 같은 것이다. 우리의 마음을 좀 더 자유롭게 저 푸른 창공을 마음껏 날아다닐 수 있도록 해 주어야 한다. 하지만 수 많은 사람들은 세상의 수 많은 것들에 대해 집착과 중독을 끊지 못하기 때문에, 마음이 속박을 당하고 있다. 하지만 그것을 깨닫지 못하고 있다.

오히려 집착과 중독에 빠져 들수록, 만족과 기쁨을 누릴 수 있을 것이라고 착각하며, 살아 가고 있다. 하지만 집착과 중독에 빠져 들수록, 우리는 목마름과 채워지지 않는 갈망으로 더욱 더 우리 자신을 그 대상에 속박당하게 만든다. 그 결과 그 대상이 아니면, 도저히 살아 갈 수 없는 최악의 상태로 치닫게 된다.

이와 반대로, 모든 집착과 중독을 마음으로부터 끊어 버린 사람은 그 누구보다도 평화로운 세상을 경험할 수 있다. 그리고 그 누구보다도 큰 기쁨과 만족감을 누릴 수 있게 된다. 어떠한 목마름도 없는 충만함과 어떠한 속박도 없는 자유를 진정으로 누릴 수 있게 된다. 이것이 단사리 마음혁명의 첫 번째 단계인 '단, 끊어라(斷)'의 유익함인 것이다.

3부. 끊음은 지혜이며, 삶의 기술이다

– 끊는 다는 것은 또 하나의 즐거움이다.

세상에는 매우 다양한 즐거움 들이 존재한다. 어떤 이는 돈을 버는 것이 즐겁다고 하고, 어떤 이는 공부하는 것이 즐겁다고 한다. 또 어떤 이는 자신만의 길을 가는 것이 즐겁다고 한다. 또 어떤 이는 나누는 것이 가장 큰 즐거움이라고 한다. 또 어떤 이는 자신이 좋아하는 일에 몰입하는 것이 가장 큰 즐거움이라고 한다.

이처럼 이 세상에는 매우 다양한 즐거움이 존재한다. 하지만 끊는 즐거움을 아는가? 끊는 즐거움이란 과연 무엇일까? 그것은 우리가 살면서 알게 모르게 매여 있던 모든 것들로부터 자유 하게 되면서 누리게 되는 즐거움이라고 말할 수 있다.

세상의 체면에 매여 사는 사람들이 많다. 특히 유교 문화에 토대를 둔 한국 사회에서는 그것이 좀 더 강하다고 할 수 있다. 그래서 자기가 하고 싶은 것도 하지 못하고, 자기가 원하는 대로 살지 못 한다. 체면 때문에, 해야 할 일을 하지 못 하고, 하기 싫은 일을 마음에도 없으면서 해야 한다. 이러한 체면에서 벗어나, 체면을 끊어 버릴 때, 우리는 말 할 수 없는 즐거움을 맛 보게 된다.

진정 어떠한 것에도 메이지 않고, 연연해 하지 않고, 자유 할 수 있는 기쁨과 즐거움을 아는 가? 바로 단사리 마음혁명을 통해서 그것이 가능하며, 그것을 알 게 되는 길을 발견할 것이다.

[바보 zone]의 저자인 차 동엽 신부는 자신의 저서를 통해, 바보야 말로 이 시대의 경쟁력이며, 성공 비결이라고 말하면서, 바보 예찬을 주장하고 있다. 바보 안에 잠자고 있는 거인의 진면목을 우리는 알아야 한다고 말하면서, 바보는 까닭 없이 함박웃음을 지을 줄 아는 바보의 천성이 이미 지복至福의 경지에 있다고 말한다.

그가 바보 예찬을 하는 것은 바보에게 숨겨져 있는 놀라운 우둔함과 바보만이 가지고 있는 뭔가 특별

한 것 때문이다. 그런데 바보만이 가지고 있는 뭔가 특별한 것에 대해 이 책의 저자는 일본에서 유행하고 있는 전문바보 즉 '센몬빠가'의 특성을 들고 있다.

'센몬빠가'란 한 번 책상에 앉아 무엇인가를 집중해서 하고 있으면, 세상에 난리가 나고, 전쟁이 나고, 지진이 나도 절대로 움직이지 않고, 그것에만 집중하고, 그로 인해 자연히 오랜 세월 동안 한 가지 일만 알고, 한 가지 일에만 몰두하는 그런 특성을 가진 사람들을 말한다.

이런 사람들의 특성은 한 마디로 세상의 복잡하고, 번잡한 많은 일들을 끊어 버릴 줄 아는 능력을 가지고 있다는 점이다. 즉 지방대학 학사 출신으로 노벨상을 수상한 일본의 다나카 고이치가 대표적인 센몬빠가의 전형이다. 그는 세상의 모든 명예와 부와 직위를 모든 끊어 버리고, 오직 자신이 하는 한 가지 연구에만 집중한 사람이었다. 그래서 그는 세상의 다른 일들에는 전혀 신경을 쓰지 않았다. 옷이나 외모에도 신경을 쓰지 않기 위해, 양복 두 벌을 번

갈아 입고 다녔고, 연구하는 데 집중하기 위해, 머리
카락을 매우 짧게 깎기도 했다. 그리고 연구에만 집
중하기 위해, 직장의 승진을 포기했다. 그리고 그는
출장을 가도, 집에 있어도, 연구 이야기만 했다. 동
료들은 말한다.

" 다나카는 함께 출장을 가도 연구 이야기 밖에 하
지 않는 사람입니다."

라고 말이다. 이처럼 그는 세상의 모든 번잡한 일,
모든 부와 지위, 출세를 모두 끊어 버릴 줄 아는 사
람이었다. 그 결과 그는 학사 출신으로 세계 최고의
고수들에게만 주는 노벨상을 수상하는 쾌거를 올릴
수 있었다. 하지만 노벨상을 뛰어 넘어, 그는 20년
동안 세상의 모든 부와 명예와 출세를 끊어 버리고,
자신의 길을 묵묵히 가는 동안, 누구보다 더 즐거웠
던 사람임에 틀림없었다. 우리는 그가 노벨상을 수
상했기 때문에, 그를 높게 평가한다. 하지만 노벨상
을 받지 않았다 해도, 우리는 그와 같은 사람을 높
게 평가해야 한다. 그런 사람들이 진정 마음 혁명의
고수이고, 진정 끊는 즐거움을 평생 누리면서 살아

오고 있는 사람들이기 때문이다.

세상의 모든 잡념을 끊어 버릴 때, 누릴 수 있는 기쁨과 즐거움을 맛 본 적 있는 가? 그것은 해 본 사람만이 그 기쁨을 알 수 있다. 지금 당장 세상의 모든 잡념을 끊어 보라. 오직 혼자 저 광활한 우주에 있다고 생각해 보라. 아무 경쟁도, 아무 걱정도, 아무 염려도, 아무 근심도, 아무 실패도, 아무것도 없다고 생각하라. 그대가 무신론자라면, 오직 나와 이 세상이 하나라고 생각하라. 그리고 그대가 유신론자라면, 창조주와 당신이 하나라고 생각하라.

기쁨과 즐거움, 평안과 충만함이 넘치도록 몰려 들 것이다. 이것이 진정 끊는 즐거움일 것이다. 이러한 즐거움은 성공이나 출세를 통한 즐거움과 차원이 다른 즐거움이다. 끊는 다는 것은 이제 또 하나의 즐거움이다.

—

- 소유가 아닌 존재의 삶을 살라.

우리가 행복하지 못한 이유는 무엇일까? 많은 사람이 말한다.

좀 더 큰 집으로 이사 간다면 행복해 질 것이라고 말이다. 그리고 어떤 이는 말한다. 좀 더 큰 차를 소유하거나, 좀 더 멋진 명품을 소유하게 된다면, 정말 행복해 질 것이라고 말이다. 하지만 과연 우리가 소유를 통해 행복해 질 수 있을 까?

필자는 확신을 가지고 여기에 답할 수 있다. 절대 소유를 통해 행복을 누릴 수 없다라고 말이다. 그 이유는 무엇일까? 그것은 우리가 무엇인가를 소유하면 할수록 우리 마음은 더욱 더 많은 것을 원하게 되기 때문이다. 그 결과 우리는 끝없는 갈망을 하게 된다.

우리 자신을 행복하게 하는 것은 소유가 아니라, 우리 자신이다. 우리는 우리가 가진 소유물로 인해 참 된 행복을 누릴 수 있는 것이 아니라, 그저 우리 자신을 통해 참된 행복을 누릴 수 있는 존재들이다. 그리고 이러한 사실을 깨닫게 해 주는 길이 바로 마음혁명이다.

마음혁명을 통해 우리는 우리의 소유물이 우리를 행복하게 해 주는 것이 아니라, 우리 자신이 우리를 행복하게 해 줄 수 있음을 알게 된다. 마치 함께 있기만 해도 즐겁고, 기쁜 어떤 존재처럼 우리 자신도 우리에게 그런 존재라는 사실을 알게 되는 것이다.

우리에게는 어떤 피조물들도 가지지 못 한 놀라운 것이 이미 포함되어 있다. 그것은 바로 우리의 마음이다. 우리의 마음은 넓어지면, 저 우주도 다 담을 수 있을 만큼 크고 넓은 것이다. 하지만 좁아지면, 바늘 하나도, 좁쌀 한 알도 들어 갈 수 없는 그런 좁고 작은 것이다. 이처럼 우리의 마음은 매우 기묘하고, 신기한 존재이다. 그런데 우리는 바로 이러한 마음을 내면에 가지고 있다.

그래서 우리는 지옥 같은 환경 속에서도 천국에서 살 수 있는 것이다. 그래서 우리는 마음을 잘 다스리면, 절망과 좌절 속에서도 큰 기쁨과 즐거움과 희망을 얻을 수 있게 되는 것이다. 그것이 바로 마음의 위력이다.

우리가 마음이 없는 피조물이라면, 우리는 참 된 존재로서의 삶을 살 수 없을 것이다. 그냥 살아 가게 될 것이다. 마치 동물이나 식물처럼 말이다. 하지만 우리에게는 마음이 있다. 그 결과 우리는 그냥 살아 가는 동물이나 식물보다 더 고차원적이 삶을 살아 나갈 수 있게 된 것이다.

우리는 소유물에 의해 영향을 받을 수도 있고, 받지 않을 수도 있다. 그것을 가르는 것은 순전히 우리 마음의 역할이다. 우리는 행복할 수도 있고, 불행할 수도 있다. 그것을 가르는 것도 순전히 우리의 마음이다. 무엇보다 우리는 소유로서의 삶을 살 수도 있고, 아니면 존재로서의 삶을 살 수도 있다. 그것을 가르는 것도 순전히 우리의 마음의 문제이다.

하지만 똑같이 마음을 소유한 인간이지만, 누구는 참 된 존재로서의 삶을 살고 있지만, 또 다른 누구는 소유로서의 삶을 살고 있다. 보기에는 엇비슷해 보이지만, 삶의 내용과 질을 따져 보면, 그 차이는 매우 크다. 전자의 삶은 태산이 흔들리지 않는 것처럼 담대한 삶이며, 감사하는 삶이며, 기쁨과 평화로운 삶이며, 친절한 삶이다. 하지만 후자의 삶은 작은 일에도 심하게 요동치는 삶이며, 경쟁의 삶이며, 안식이 없는 삶이며, 비교하는 삶이며, 이기적인 삶이다. 그래서 후자의 삶에는 기쁨과 평화보다는 경쟁과 강박관념이 앞서 간다. 그 결과 삶이 매우 힘들어 지는 것이다.

하지만 소유로서의 삶이 아닌 존재로서의 삶을 살아 가는 사람들은 삶이 힘들고, 지치게 하는 것이 아니라, 누리고, 기뻐하고, 즐거워하는 대상이 된다는 점에서 큰 차이가 있다. 똑 같은 조건에서 살아 가는 두 사람이 있어도, 한 사람은 고통스럽게, 힘들게 살아 가는 반면에, 다른 한 사람은 즐거워하며, 기뻐하여 살아간다. 그 이유가 바로 소유로서의 삶을 살아 가느냐, 아니면 존재로서의 삶을 살아 가느냐의 차이이다.

옛날에 어떤 동네에 똑같이 고기를 잡는 일을 생계로 가지고 있는 그렇게 가난하지도 않고, 그렇게 부자도 아닌 어부가 두 명 살고 있었다. 이 두 명의 어부가 가지고 있는 가족도 모두 비슷하다. 한 명의 아내와 두 명의 자식을 모두 가지고 있었고, 가정의 분위기도 비슷했다.

외형적으로 보면, 두 사람은 거의 비슷한 삶을 살고 있는 듯하다. 함께 일을 하러 같은 배를 타고 먼바다에 나가서, 길게는 3개월을 바다에서 생활하다가, 함께 집으로 돌아 오곤 했다. 가정의 형편도 비슷하다.

그렇게 세월이 흘러, 두 명의 어부는 모두 팔 순 노인이 되어, 지난날을 회상하며, 바다가 내려다 보이는 언덕에서 소일하고 있었다.

먼저 한 어부가 말했다.

" 자네는 지난 평생이 어떠했냐? 행복했다고 말할 수 있겠나?"

이 말을 듣고, 다른 어부가 말을 이었다.

" 나는 참 힘든 삶을 살았어. 지금 생각해보면, 왜 그렇게 힘들게 살았는지 모르겠어, 지금 내게 남는 것은 병들고 지친 몸밖에는 없어! 왜 좀더 자신의 기쁨을 위해 살지 못했는지 너무 후회가 되네, 가족들을 먹여 살려야 한다는 생각밖에는 없었어! 좀 더 넓은 집을 사야 하고, 좀 더 많은 돈을 준비해야만 가족들도, 자신의 노후도 행복할 수 있을 것이라고 생각했거든! 결국 그 가족들도 다 제 삶을 살기 위해 다 떠났어! 가족들에게 필요한 것은 넉넉하게 먹고 살 돈을 갖다 주는 아빠가 아니라, 함께 놀아 주고, 함께 기뻐하고, 함께 소통해 줄 아빠가 필요했던 것 같아"

푸념에 가득 차 있는 어부의 말을 듣고 다른 어부는 놀라움을 감추지 못했다.

" 아니 자네는 어떻게 그렇게 힘들고 후회로 가득 찬 삶을 살았다는 건가? "

" 자네도 나와 똑같이 살았지 않나? 그렇다면 자네는 뭐 다른 삶을 살았다는 건가?"

" 자네가 믿지 못할 수도 있겠지만 말이야, 나는 참 행복한 삶을 살았네, 나는 내가 좋아하는 저 바다에 마음껏 나가서 몇 개월씩 항해할 수 있어서, 그것이 정말 행복했었네, 그리고 한 번씩 집에 돌아와서, 가족들과 함께하는 만찬과 자녀와 함께 놀아줄 때는 그것 역시 매우 큰 기쁨이었다네,

바다에 있을 때는 바다가 좋아서 나는 행복했고, 집에 왔을 때는 가족들 때문에 나는 행복했었네, 그리고 이제는 자녀들이 그동안 별 탈 없이 성장해 주어서, 그것이 또한 너무 기쁘네, 무엇보다 좋은 상대를 만나서, 하나의 가정을 이루고, 잘 살아 가는 것을 볼 때, 너무 기쁘네, 그리고 지금은 행복한 삶을 살아왔음에 대해 감사하며, 노년의 기쁨을 마음껏 누릴 수 있어서 또한 너무 기쁘네!"

이 말을 듣고 푸념에 가득 차 있었던 어부는 매우 놀랄 수밖에 없었다. 자기와 똑같은 환경에서 똑같

은 일을 하면서, 똑같은 생활을 해 온 사람이 자신과 전혀 다른 삶을 누리고 살았다는 사실을 늦었지만, 지금이라도 알게 되었기 때문이다.

두 어부의 삶이 이렇게 큰 차이가 나는 것은 바로 작은 마음의 차이에서 비롯되었다고 말 할 수 있다.

우리의 삶도 이와 똑같다. 첫 번째 어부처럼, 뭔가를 해야 하고, 뭔가를 소유해야만, 더 행복해질 수 있고, 더 아빠로서 자격을 갖춘다고 생각한다면, 그것은 소유로서의 삶을 방식을 따라가는 것이다. 이런 삶의 방식은 언제나 더 많은 것을 소유해야 하고, 더 좋은 것을 소유해야 하기 때문에, 자연스럽게 경쟁해야 하고, 더 열심히 자신을 채찍질해야 하며, 살아야 한다. 그 결과 힘들고 지친 삶을 살게 되며, 하루하루 살면서 누릴 수 있는 일상의 기쁨과 여유를 누리지 못한다.

하지만 두 번째 어부처럼, 지금 이 순간을 누리고, 기뻐하며 살게 된다면, 삶이 보다 더 기쁨과 즐거움으로 충만해 진다는 사실을 깨닫게 된다. 그래서 하루하루 일상에도 얼마든지 큰 기쁨과 즐거움이 숨어 있기에, 마음만 새롭게 한다면, 언제든지 순간순간을 기쁘고 즐겁고 충만하게 살 수 있다.

– 끊어라, 그러면 연결되리라.

노자老子의 [도덕경道德經] 40장에는 매우 역설적인 표현이 나온다.

" 반자도지동 약자도지용(反者道之動 弱者道之用) "

이 말은 '거꾸로 가는 것이 도의 운동이고, 약한 것이 도의 운용이다.' 라는 뜻이다. 다시 말해 그 의미를 좀 더 확장시켜 본다면, 남들과 반대로 생각하고, 반대로 가는 것이 제대로 가는 것이며, 강해지는 것이 아니라, 약한 것이 더 강하므로 더 많이 사용하게 된다는 것을 말하고 있다.

이 말을 언급하는 이유는, 우리의 삶에 있어서도, 모든 번잡한 것을 끊어 버리는 것이, 이 세상의 모든 아름다운 것과 정상의 것들과 연결되는 길이라는 역설적인 사실이 그대로 적용된다고 하는 사실을 말하고 싶어서이다.

또한 그의 말 중에는 이처럼 매우 역설적인 말들이 많다. 그 중에는 ' 한 발짝 뒤로 물러서라. 그러면 오히려 앞에 서게 될 것이다. 한 발짝 밖으로 비켜 서라. 그러면 오히려 안에 있게 될 것이다. ' 라는 말도 있다. 다른 말로 하자면, 결국 '뒤로 가는 것이 앞으로 가는 것이다.' 라고 말해도 될 것이다. 누군가를 다스리고 군림하려고 하면 결코 오래 가지 못 한다. 하지만 그들의 위에 있고자 할수록, 자세를 낮추고, 그들을 섬기고, 받들게 되면, 오히려 오래 동안 그들의 위에 있을 수 있게 된다는 심오한 이치를 잘 말해 주고 있는 말이다.

바다가 바다를 이룰 수 있는 이유는 가장 낮은 곳에 있기 때문이며, 태산이 태산을 이룰 수 있는 이유는 한 줌의 흙도 사양하지 않기 때문이다. 이처럼 우리가 좀 더 나은 삶을 살고자 한다면, 가장 낮은 마음을 가져야 한다. 그럴 때, 남들이 보지 못하는 새로운 길을 볼 수 있기 때문이다.

가장 낮은 마음을 가질 때, 세상의 모든 좋은 것들과 참된 가치와 삶의 의미와 소명이 자신에게 흘러

들어오게 되는 것이다. 그렇게 될 때, 우리는 참된 자신을 발견할 수 있고, 참 된 삶을 살아 나갈 수 있게 되는 것이다. 마치 바다처럼, 태산처럼 말이다.

가장 낮은 마음을 가진다는 것은 그렇다면 무엇인가? 세상의 모든 것과의 복잡한 관계를 끊어 버리는 것이다. 무엇인가에 연연해한다는 것은 끊지 못했다는 증거이다. 과거에 많은 사람이 세상과의 관계를 끊기 위해, 속세를 떠나 깊은 산 속으로 들어갔겠는가? 바로 가장 평화로운 마음을 얻기 위해서이다.

우리는 속세에 살면서, 속세를 떠난 사람들이 누린 마음의 평화와 기쁨을, 그리고 그들이 누린 최고의 삶을 누리고자 한다. 그렇게 하기 위해 우리는 가장 낮은 마음을 가져야 한다. 그리고 그렇게 하는 최고의 방법은 세상의 모든 것에 연연해 하는 마음의 끈을 끊어 버리고, 마음을 완전하게 비우는 것이다.

그렇게 완전하게 끊고 비우면, 이상하게도 세상의 온갖 좋은 것들과 삶의 진정한 가치와 의미가 흘러

들어오게 된다. 즉 끊음을 통해 다시 얻게 되는 연결은 참 된 연결 고리가 되어 준다. 그 때 우리는 비로소 참된 삶을 살아갈 수 있게 되는 것이다.

따지고 보면 우리들은 세상의 헛된 것들과 허상을 좇아서 너무 많은 것들과 연결 되어 있다. 그래서 그러한 복잡한 연결은 우리로 하여금 갈팡질팡하며 균형을 잡지 못 한 채로 살아가게 만든다. 그래서 때로는 우리는 왜 우리가 이것을 하고 있는지 미처 깨닫지도 못 한 채, 그것을 하고 있는 자신을 발견하고는 당황스러워 하기도 한다.

끊을 수 있는 능력은 천재들이 가진 능력 중에 하나이다. 아인슈타인은 놀라운 천재이지만, 사소한 세상사에 대해서는 관심을 아예 끊고 살았다. 그래서 때로는 식사를 했는지, 안 했는지 자신조차도 헷갈릴 때가 많았다고 한다. 버스를 탈 때, 버스 승차 요금이 얼마인지를 몰라 당황스러워 한 적도 있다고 한다. 그만큼 그는 많은 것을 끊을 줄 알았고, 그것을 실천했기 때문에, 한 가지 연구에 몰입할 수 있었던 것이다. 그뿐만 아니라, 많은 대가들을 살펴보면, 자신이 좋아하는 한 가지를 제외하고는 다른 모든 것을 끊어 버린 사람들이 대부분이라는 사실을 우리는 발견할 수 있다.

세상에는 참 역설적인 것들이 많다.

자신의 행복을 끝까지 포기 하지 않고, 행복 하려고 하는 사람들은 오히려 행복하지 못 하고, 자살하는 경우가 많지만, 자신의 행복보다 먼저 타인의 행복을 위해, 타인을 위해 살아가는 사람들은 오히려 훨씬 더 자신이 행복해졌다는 사실을 발견하게 된다.

자신의 작은 지식을 뽐내기 위해, 잘난 척하고, 교만 하면 할수록 많은 사람들이 그 교만한 사람을 낮게 평가하고, 심지어 혐오하기도 하고 싫어하기도 한다. 하지만 자신의 지식을 절대 드러내지 않고, 자세를 낮추고, 겸손하게 잘난 척 하지 않으면 않을수록 사람들은 겸손해 하는 그 사람을 높게 평가하고, 좋아하기까지 한다.

직장에서도 마찬가지이다. 자신이 일하는 만큼 월

급을 받고자 아등바등 자신의 것을 고집하는 사람은 결국 몇 년이 지나지 않아, 회사를 떠나게 되거나, 연봉이 적은 직원이 되고 만다. 하지만 자신의 것을 고집하지 않고, 자신이 받는 월급의 10배, 20배를 묵묵히 일 할 줄 아는 직원은 몇 년이 지나지 않아, 지금의 연봉보다 10배나 많은 연봉을 받는 사람이 된다.

세상의 이치가 바로 이런 것이다. 눈 앞에 보이는 것만 쫓아 가게 되면, 결국 얻는 것은 없다. 더 큰 손해를 얻게 된다. 하지만 장기적인 안목을 가지고, 손해 보는 것이 이익을 얻는 것이다. 자신을 낮추는 것이 자신을 높이는 것이다. 지는 것이 결국엔 이기는 것이다.

필자가 경험한 '끊어라, 그러면 연결되리라'의 경우는 매우 독특하다.

바로 새벽 5시에 기상한다는 목표를 실천하기 위한 자기 혼자만의 경험담이다. 보통 아침 8시에 기상하는 필자는 새벽에 일어나 공부를 하고, 글을 쓴

다는 사람을 만나게 되면, 먼저 존경스럽기까지 한다. 왜냐하면, 필자가 아무리 시도해도 제대로 할 수 없는 것이기 때문이다. 아마도 수십 번도 더 결심한 적이 있다. 하지만 새벽이 되면, 절대 일어 날 수 없는 무기력한 자신을 발견하고는 자기 자신에게 실망하곤 한다.

왜 남들은 다 하는 데, 나는 하지 못할까? 이런 후회와 실망을 자신에게 거듭하면서, 결국 새벽형 인간이 되는 것을 포기하였다. 하지만 어느 날 나는 새벽의 그 신선한 기운을 경험하고 싶어서, 다시 도전을 했다. 이번의 도전은 그 전의 수 많은 도전과 달랐다. 그 전의 도전은 잠자는 시간을 변함없이 새벽 1시에 하고, 새벽 5시에 일어나는 것이었다. 하지만 이번에는 저녁 11시에 잠을 자는 것이었다. 다시 말해 이것은 저녁이 주는 다양한 즐거움을 모두 끊어 버려야 한다는 것을 의미한다. 저녁에 먹는 맛있는 야식이나, 그 시간대에 즐겨 보는 재미있는 TV 프로그램과 여유를 가지고 할 수 있는 인터넷 서핑 등과 같은 것들을 과감하게 끊어야만 그 시간대에 잠을 청할 수 있는 것이다.

특히 야간 시간대의 활동이 늘어난 현대인들에게 저녁에 한 시간이라도 일찍 잠을 자라고 하는 것은 정말로 일상생활의 매우 큰 부분을 끊고 포기하라는 것과 마찬가지일 것이다. 나는 그것을 했던 것이다. 저녁 11시에 세상의 모든 즐거움과 활동을 끊었던 것이다. 그 결과 나는 신이 주신 가장 황금 시간대인 찬란한 새벽과 연결될 수 있었다. 새벽의 5분은 오후나 저녁의 한 시간과 맞먹는 다는 사실을 나는 비로소 알게 되었다.

새벽 시간대의 그 집중력, 그 활력, 그 신선함, 그 기운, 그 에너지를 경험한 필자는 새벽 시간은 신이 우리 인간에게 날마다 내려 주는 선물이라고 규정하고 싶어 졌다. 나는 비로소 새벽의 그 놀라운 시간에 연결이 될 수 있었다. 의지가 약한 필자로서는 매우 힘든 성공이었다. 그것이 가능하게 된 가장 큰 원인은 먼저 세상의 모든 즐거움과 활동을 끊어 버렸기 때문이다.

이처럼 세상의 것들에 대해 마음으로부터 모든 것들을 끊어 버릴 수 있다는 것은 세상의 모든 것들을 차지 할 수 있다는 말이 된다. 특히 마음으로부터 세상의 모든 것들에 대해 끊는 연습을 통해, 우리는 진정 참 된 세상과 연결 될 수 있는 길을 발견하게 될 것이다.

- 과거의 잘못된 습관을 끊어라.

아리스토텔레스는 이렇게 말했다. " 우리가 반복적으로 하는 행동이 우리를 형성한다. 그러므로 위대함은 하나의 행동이 아니라, 습관이다. " 습관의 위력에 대해 강조한 말이다. 도스토예프스키도 다음과 같은 말을 했다. " 습관(習慣)이란 인간(人間)으로 하여금 어떤 일이든 하게 만든다." 이 말도 마찬가지로 습관이 가진 마법과 같은 힘을 강조한 말이다.

지금 우리 시대에 위대한 업적을 성취해 내고, 각 분야에서 세상의 인정을 받으며 살아 가고 있는 사람들을 살펴 볼 때, 그들은 모두 좋은 습관을 가지고 있는 사람들이라는 점에 동의한다. 그들은 최소한 나쁜 습관은 항상 끊으려고 노력하고, 좋은 습관을 형성하려고 끊임없이 노력하는 사람들이라는 점을 동감을 한다.

왜냐하면 우리의 삶은 결국 우리가 날마다 반복적으로 하는 행동의 총 합이기 때문이다. 그래서 결국 인생의 성공과 실패를 결정하는 것은 오늘 하루이다. 오늘 하루 내가 목표에 따라, 알차게, 그리고 성공적으로 잘 보냈다면, 그렇게 성공한 하루하루가 모여, 성공한 인생이 되는 것이기 때문이다. 반대로 오늘 하루를 내가 목표한 대로, 살지 못하고, 시간을 낭비하며, 대충대충 살면서, 한 가지라도 제대로 하는 것 없이, 그저 하루를 보냈다면, 그것은 실패한 하루이며, 이러한 실패한 하루하루가 모여, 궁극적으로는 실패한 인생이 되는 것이다. 그런데 하루하루를 성공적으로 알차게, 목표를 달성하며, 잘 보내는 사람과 그렇게 하지 못 하고, 대충대충 보내며, 아무것도 달성하지 못하는 사람은 매우 큰 능력이나 자질, 삶의 태도, 가치관, 인생관, 세계관이 다른 것일까? 아니면 의지력이나 실행력에 있어서 매우 큰 차이가 있는 것일까? 왜 저 사람은 날마다 성공하는 데, 저 사람은 날마다 실패를 하는 것일까? 그 차이는 과연 보통 사람이 뛰어넘을 수 없는 큰 벽인가?

이러한 질문에 확실하게 대답해 줄 수 있는 한 마디의 대답은 '절대 그렇지 않다' 라는 말이다. 사실

따지고 보면, 성공과 실패는 종이 한 장 차이이다. 그래서 정말 한 발자국만 더 내 디딘 사람이 성공한다는 것이다. 성공하는 사람과 실패 하는 사람들은 모두 열심히 사는 사람들이고, 모두 수천수만 보를 함께 걸어온 사람들이다. 하지만 이들을 성공과 실패로 가르는 것은 마지막 한 발자국이다. 그렇기 때문에 끝까지 하는 습관, 그리고 날마다 성공하는 습관이 바로 성공의 최대의 비결인 셈이다.

이런 점에서 좋은 습관은 사람은 성공으로 이끈다. 그렇기 때문에, 잘못된 습관은 우리 인생에 매우 큰 해악이 된다. 우리가 가장 먼저 해야 할 선결과제는 바로 잘못된 습관을 날마다 발견하고, 그것을 고쳐나가야 하는 것이다. 과거의 잘못된 습관을 끊어 버리는 연습을 통해, 끊을 수 있는 사람은 강력한 성공의 도구를 획득한 것과 다름없다.

좋은 습관을 형성하게 되면, 그 습관들이 하루하루 반복되면서 엄청난 힘을 발휘하기 때문이다. 그렇기 때문에, 우리가 나쁜 습관인줄 알면서, 그 습관을 끊지 못 하고, 계속 가지고 있다는 것은 우리의 인생을 장기적으로 볼 때, 매우 큰 손해이다. 그러므로 나쁜 습관을 끊어야 하는 것이다.

우리의 삶을 변화시키는 기적은 정리정돈과 같은 작은 변화를 통해 일어날 수도 있다. 하지만 우리가 매일 하게 습관을 변화시킬 때, 그 결과는 매우 확실한 것이며, 당연한 것이라고 할 수 있다.

습관에는 매우 다양한 것들이 있다. 매일 운동을 하는 습관, 책을 읽는 습관으로부터, 밥을 먹으면서 꼭 TV를 시청해야 하는 습관, 혼자 밥을 먹는 습관, 공부나 업무 전에 꼭 커피를 마셔야 하는 습관, 등등 그 종류도 매우 많다. 하지만 몸으로 행하는 습관보다, 우리가 날마다 하면서도 잘 의식하지 못 하는 매우 중요한 습관이 있다. 바로 마음의 습관, 생각의 습관이다. 우리는 이것을 사고방식이라는 말로 표현하기도 한다. 하지만 엄밀하게 말해, 사고방식과 사고의 습관은 다른 것이다.

사고의 습관을 통해 우리가 사고방식이 정형화 된다. 그렇기 때문에 사고의 습관이 원인이 되고, 사고방식은 결과인 셈이다. 사고의 습관이 어떤 습관보다 더 중요하다는 것을 굳이 말을 하지 않아도 독자들은 알 것이다. 소가 수레를 이끌 듯, 사고가 우리를 이끌기 때문이다.

사고의 습관에 따라, 우리는 실제로 부자가 되기도 하고, 성공을 하기도 하고, 행복해 지기도 한다. 그리고 그 반대의 것도 역시 사고의 습관에 따라 결정된다. 문제는 이토록 중요한 사고의 습관이 좋은 습관이 아니라, 나쁜 습관인 경향이 매우 많다는 것이다. 그 결과 매우 많은 사람이 성공하지 못하고, 행복하지 못한 삶을 살아 나가고 있다.

행동과 관련된 눈에 보이는 습관들은 빙산의 일각이며, 눈에 보이지 않는 사고의 습관에 비하면, 그 경중이 매우 가볍고, 그 영향력이 매우 미비하다고 할 수 있다. 결국엔 사고의 습관이 눈에 보이는 행동의 습관으로 나타나는 것이기 때문이다.

그래서 사고의 습관을 좋은 습관으로 변화시키기만 하면, 우리는 가난에서 벗어나 부자가 될 수 있고,

실패에서 벗어나 성공을 할 수 있는 것이다.

부자들은 자신이 가진 돈을 모두 잃는 다 해도, 몇 년 안에 그 돈을 다시 찾을 수 있다. 그 이유는 바로 그들의 사고 습관이 부자들의 사고를 하기 때문이다. 이러한 사실을 영국 최고의 부자 멘토인 폴 매케나는 자신의 저서 [온! 리치]를 통해 다음과 같이 주장하고 있다.

" 이 책을 쓰기 위해 연구한 거의 모든 부유한 사고를 하는 사람들은 만약 내일 가진 돈을 모두 잃어버리더라도 몇 년 안에 그 돈을 되찾을 것이라고 내게 말했다. 이것이 부유한 사고를 하는 사람과 가난한 사고를 하는 사람의 차이를, 그들이 은행에 갖고 있는 돈의 양으로 측정할 수 없는 이유다."

가난한 사람들이 평생 가난하게 사는 가장 큰 이유는 그들이 돈이 없어서가 아니다. 그들은 가난한 사고를 하는 습관에서 벗어나지 못 하기 때문이다.

우리들이 가장 먼저 끊어야 하는 나쁜 습관은 행동

이 아닌 사고의 나쁜 습관이다. 사고가 바뀌면, 행동은 따라오기 때문이다. 사고의 나쁜 습관은 누구나 다 가지고 있다. 완벽한 사람은 없기 때문이다. 누가 얼마나 잘 이러한 사고의 나쁜 습관을 많이 끊었느냐에 따라서 그 사람의 인생이 달라진다고 할 수 있는 이유가 바로 이것이다. 그리고 사고의 나쁜 습관을 끊는 것이 바로 마음 혁명의 시작이다.

– 우직지계(迂直之計)를 실천할 수 있는 길이다.

세상을 살다 보면, 무조건 빨리 하고, 남들처럼 비슷하게 되는 것이 무조건 좋은 것은 아니라는 사실을 알게 된다. 때로는 남들보다 더 천천히, 그리고 더 늦게 가는 것도 나쁘지 않다는 것이다. 너무 빨리 앞만 보고 달려 가는 인생에는 정말 중요한 하루 하루의 기쁨과 여유와 즐거움을 찾을 수 없다. 뿐만 아니라, 그렇게 빨리 간다고 해서 도착지점에 먼저 도착 하는 것도 절대 아님을 알 수 있다.

마음 혁명의 놀라운 점은 동서고금을 통해 입증된 삶의 지혜들을 고스란히 실천할 수 있다는 점이다. 왜냐하면 동서고금의 많은 삶의 지혜와 처세들은 바로 마음을 통해 마음을 다스릴 수 있을 때만 실천 가능한 명언들이 많기 때문이다. 그중 하나가 바로 우직지계(迂直之計)라는 지혜이다.

'우직지계'는 손자(孫子)의 군쟁편(軍爭篇)에 나오는 이야기이다. 손자는 말한다. "가까운 길을 먼 길인 듯 가는 방법을 적보다 먼저 아는 자가 승리를 거두게 된다. 이것이야말로 군대가 전쟁에서 승리하는 원칙이다." 손자가 말하는 병법의 지혜 핵심은 상대의 허점을 알아내고 교란시켜서 적을 오판에 빠뜨리는 것이듯, 우리가 인생을 살 때, 세상의 허점을 알아내고, 그것을 교란시킬 수 있다면 우리는 세상을 뛰어넘어 성공할 수 있고, 승리할 수 있다.

세상은 우리에게 눈에 보이는 빠른 성공, 눈앞의 이익, 남들보다 더 큰 출세, 눈에 잘 띄는 외형적인 물질에 집중하고, 그것을 빨리 쟁취해 내는 사람이 최고로 행복한 사람이라고 우리를 부추긴다. 우리가 그러한 세상의 부추김에 이끌려, 그러한 것들을 쫓기 위해 가족과 건강과 친구와 시간을 희생한다면, 그것은 바로 세상이 원하는 길을 가는 것이다. 실제로 많은 사람들이 이 길을 가고 있다. 이 길이 가장 빠른 길이라고 생각하기 때문이다.

하지만 마음 혁명을 통해, 끊고, 버리고, 떠날 줄 아는 사람은 세속적으로 어리석은 길인 것 같고, 돌아가는 길인 것 같고, 손해 보는 것 같고, 지는 것 같은 길이지만, 그 길을 자원하여, 돌아갈 줄 알고, 손해 볼 줄 알고, 져줄 줄 알고, 남들이 가지 않는 길을 갈 줄 안다. 그 결과 결과적으로 다른 평범한 사람들보다 훨씬 더 빠른 길을 찾게 되고, 목적지도 훨씬 더 나은 곳이 된다.

마음 혁명은 눈에 보이지 않는 혁명이다. 가시적인 효과도 눈에 보이지 않는다. 하지만 마음에서는 한 마리의 나비가 날갯짓하듯 작은 떨림이 발생한다. 이것은 곧 거대한 인생을 송두리째 변화시키는 거대한 나비효과의 시작이 된다.

우직지계를 실천한다는 것은 그 동안 인류가 쌓아온 모든 지혜를 실천한다는 것의 한 가지 예에 불과하다. 하지만 마음 혁명을 통해, 우리는 성인들이 그토록 주장해온 많은 지혜와 처세를 누군가의 가르침을 통해 이론으로 배우고, 실천하려고 인위적인 노력을 하는 단계에서 벗어나, 마음의 내부에서부터 자발적으로 그러한 길을 갈 수 있는 사람이 될 수 있다.

세상은 우리에게 언제나 빨리 가라고 말한다. 남들

보다 더 빠른 길로, 더 쉬운 길고, 더 편한 길로 가라고 우리를 부추긴다. 하지만 그 길로 가서는 안 된다. 그 길은 행복과 성공의 길이 아니기 때문이다. 그 길은 우리를 파멸시키는 그러한 덫과 같은 길이다.

우리는 때로는 좀 더 불편한 길로, 좀 더 어려운 길로, 좀 더 우회하는 길로 갈 필요가 있다. 왜냐하면 그 길이 우리 자신을 좀 더 올바른 길로 인도하는 길일 수 있기 때문이다. 노자의 도덕경(道德經)에도 보면 이와 비슷한 맥락의 글이 있다. 바로 귀생(貴生)과 섭생(攝生)의 원리로 설명하고 있는 말인데, ' 귀생은 자신의 생을 너무 귀하게 여기면 오히려 생이 위태롭게 될 수 있다는 것을 말하고, 섭생은 자신의 생을 억누르면 생이 오히려 더 아름다워질 수 있다는 이치'를 이르고 있다. 왜 그럴까?

노자는 현대인들이 과도한 편안함, 안락함만을 추구한 결과 오히려 현대병과 불행과 우울증으로 삶이 망가지고 위태로워질 수 있음을 오래전에 경고한 것이다. 몸을 너무 편하게 만들지 않고, 적절한 노동과 운동, 적당한 고생과 노고를 하는 사람의 몸과 마음이 건강해진다는 이치를 알려준다.

자신의 생을 너무 귀하게 여겨, 좋은 음식, 좋은 옷, 좋은 차, 좋은 집에서 너무 편하게 사는 사람보다는 조금은 거친 음식, 조금은 거친 옷, 조금은 좋지 않은 차, 조금은 좋지 않은 집에서 조금 고생하면서, 적당한 노동과 운동을 하면서 몸을 조금 힘들게 하고, 고생스럽게 할 때, 인간의 생명은 최적화될 수 있어서, 더 오래, 건강하게 살 수 있음을 말한다.

우리의 인생도 이와 같은 원리가 적용된다.

마음으로부터 모든 좋은 것과 모든 묶인 것에 대한 집착을 끊어 버릴 때, 우리는 비로소 우직지계를 실천할 수 있고, 그로 인해 돈 주고 살 수 없는 마음의 평화와 기쁨과 즐거움을 누릴 수 있게 된다.

- 한 발짝 뒤로 물러섬의 경지에 이를 수 있다.

마음 혁명을 통해 우리는 한 발짝 뒤로 물러설 줄 아는 삶을 살아갈 수 있다. 이것은 아무리 큰 부자라도 쉽게 할 수 있는 것이 아니다. 많은 사람은 그저 앞으로 나아가고 싶어 한다. 자신을 드러내고 싶어 하고, 자신을 세우려고만 한다. 그로 인해 다툼이 발생하고, 비방이 발생하여, 정치판이 막장이 되는 것이다.

우리는 우리 자신을 드러내지 않고, 타인을 세워주는 그러한 사람이 되어야 한다. 그러한 사람이 되기 위해서는 무엇보다 자신의 마음을 다스릴 줄 알아야 한다. 마음은 그 어떤 것보다 더 의미 있고 가치 있는 것일 뿐만 아니라, 가장 강력하고, 창조적인 에너지를 가지고 있기 때문이다.

시중에 나와 있는 수많은 자기계발서를 살펴보면, 거의 대 부분이 열정을 가지고, 꿈을 꾸고, 목표를 확고히 세워서, 앞으로 나아가라고 말한다는 것을 알 수 있다. 거의 대 부분의 책들이 결코 포기 하지 말고, 앞으로 전진하라고 말한다. 자기 분야에서 최고가 되고, 절대로 포기하지 말라고 말한다. 과연 이러한 책을 통해 우리가 얻게 되는 것은 무엇일까?

물론 매우 긍정적인 측면도 있다. 실의에 빠지고, 좌절 속에 빠져서, 다시 일어설 용기가 없는 이들에게 용기를 주어, 다시 도전할 수 있게 하고, 구체적인 꿈과 목표가 없던 이들에게 꿈과 목표를 세울 수 있도록 조력해 준다. 그 결과 삶이 달라지는 사람도 반드시 있다. 하지만 모든 책들이 한 발짝 더 나아가라고 용기를 심어 주는 것은 아니다. 때로는 한 발짝 뒤로 물러서는 것이 더 많이 나아가는 결과를 가져올 수 있다는 사실을 말해주고 있는 책도 있다.

그런 책 중에 하나가 바로 슬로 라이프slow life라는 말을 처음으로 세상에 퍼뜨린 인물이기도 한 쓰지 신이치의 저작 중에 하나인 [천천히가 좋아요]라는 책이다. 이 책에서는 다른 많은 책과 다르게, 분발하지 말고, '천천히'를 강조하며, 서두르지 말라고 독자들에게 말한다.

그 이유는 바로 이 책의 저자가 천천히 걸으면 걸을수록 더 빨리 나아간다는 오묘한 이치를 깨달았기 때문이다. 그리고 서두르면 서두를수록 조금도 앞으로 나아갈 수 없다는 사실을 또한 우리에게 알려주고 있다.

우리에게는 아직까지 아름다운 것들이 많이 남아 있다. 그중 하나가 바로 사랑이라는 것이다. 그렇다면 사랑이라는 것이 왜 그토록 아직까지도 아름다운 것으로 보존된 채 남아 있는 것일까? 그것은 바로 사랑이라는 것이 한 발 앞에 가려고 하는 것이 아니라, 상대보다 한 발짝 뒤로 물러서고자 하는 속성을 가지고 있기 때문이다. 이러한 점을 이 책의 저자는 다음과 같이 훌륭하게 잘 표현했다.

" <어린 왕자>에 나온 여우가 말했던 것처럼, 사랑이란 아무런 쓸모도 없고, 이익이 되지 않는다 할지라도 아낌없이 상대를 위해 시간을 쓰는 것이다. 즉, 사랑은 slow 천천히 하는 것이다. 시간이 걸린다. 그래서 때로는 귀찮기 짝이 없다. 하지만 바로 그래서 사랑이다."

남들이 다 빨리 가려고 할 때, 혼자 천천히 걸을 수 있으려면, 무엇보다 마음을 혁명해야 한다. 우리는 천천히 걸으면 멀리까지 갈 수 있다는 사실을 알고 있다. 빨리 가려고 다투면, 멀리 못 가서 지치게 되고, 에너지가 다 소진 될 수 있다.

이것과 마찬가지로, 때로는 한 발짝 뒤로 물러서는 삶이 매우 아름다우면서도, 강한 삶을 살 수 있다. 이런 사람은 어떤 환경을 만나더라도 절대 쉽게 좌절하지 않는 다. 한 발짝 뒤로 물러나는 연습을 평생 해 왔기 때문이다. 이런 사람들은 누구보다 마음의 평화와 기쁨으로 충만한 사람들이다.

이 세상에서 가장 행복한 사람들은 이렇게 한 발짝 뒤로 물러섬의 경지에 오른 사람 중에서 찾아야 할 것 같다.

랄프 왈도 에머슨은 참 된 성공에 대해서 다음과 같은 말을 했다. " 자주 많이 웃는 것, 현명한 사람들의 존경과 아이들의 애정을 얻는 것, 정직한 비평

가들의 칭찬을 받고 잘못된 친구들의 배반을 견디는 것, 아름다움을 감상하는 것, 다른 사람들의 장점을 발견하는 것, 건강한 아이, 손바닥만 한 정원 혹은 사회를 개선시켜 세상을 좀 더 살기 좋게 만드는 것, 그리고 당신이 살아 있음으로 해서 단 하나의 생명이라도 더 편안한 삶을 알게 되는 것, 이것이 성공이다."

우리가 살아있음으로써 단 하나의 생명이라도 더 편안한 삶을 살 수 있게 해 주기 위해서, 우리에게 필요한 것은 한 발짝 뒤로 물러서는 양보와 사랑의 자세와 마음일 것이다.

단사리 마음혁명은 자신의 마음을 혁명함으로써, 결국은 우리 주위의 사람들마저 행복하게 해 주는 혁명이다. 행복과 성공, 부는 돈이나 조건이 아닌 마음 상태로 결정 되는 것이기 때문이다. 우리가 행복하면, 그 행복이 흘러 넘쳐 우리 주위 사람에게도 흘러 들어 간다.

단사리 마음혁명을 통해, 성공에 대한 집착, 행복에

대한 집착, 부에 대한 집착을 끊어 버리고, 한 발짝 뒤로 물러선다면, 오히려 행복하고 성공적인 삶을 살 수 있게 된다. 아무리 좋은 진리를 알고 있고 그것을 실천하려고 해도, 마음으로부터 혁명이 일어나지 않는 다면, 그것을 오래 동안 실천한다는 것은 매우 힘들고, 불가능한 일이 아닐 수 없다. 그렇기 때문에 마음으로부터의 진정한 혁명이 이루어져야 한다. 단사리 마음 혁명을 제대로 실천할 경우, 매우 힘들어 보이는 이러한 일들도 충분히 해 낼 수 있고, 실천할 수 있다.

마음은 이 세상에서 매우 강력하고 창조적이고 놀라운 에너지를 담고 있기 때문이다.

– 운동보다, 고민을 끊는 것이 더 건강할 수 있다.

우리가 사는 세상은 이제 그 어느 때보다도 건강한 삶, 좋은 삶, 즉 웰빙에 대한 관심이 매우 높은 세상임을 부인할 수 없다. 그래서 먹는 것 하나에도 몸에 좋은 것을 선호하는 현상이 매우 두드러지게 발생하곤 한다.

많은 사람은 건강한 삶을 위해, 운동을 한다. 물론 운동은 우리들에게 많은 혜택을 준다. 운동은 많은 병의 발병률을 낮춰 줄 뿐만 아니라, 사망률 자체도 낮춰준다. 그리고 운동은 혈압과 혈당 수치를 낮춰 주고, 몸 속의 지방을 줄여 준다. 운동은 또한 얇아진 근육을 강화시켜 주고, 몸무게의 증가도 막아 준다. 더불어 몸에 좋은 콜레스테롤의 수치를 높여 주고, 몸에 해로운 콜레스테롤의 수치를 낮추어 준다.

어디 이것뿐일까?

운동을 하면 기분도 좋아진다. 우울증도 사라지고, 많이 개선된다. 그렇다면 건강한 삶을 위해 우리가 해야 할 것은 운동뿐인 것인가? 그것은 아니다. 사실 운동보다 더욱 더 중요한 것은 마음의 상태이다. 이러한 사실은 일찍부터 오래된 고전에서 자주 제기되어 왔다.

" 몸과 마음은 하나다."

라는 말을 우리는 많이 들어 왔다. 이 말이 그냥 하는 말이 아니라, 실제로 우리의 삶에 큰 영향을 끼친다는 사실을 많은 과학자들이 밝혀 내고 있다. 심지어 마음이 몸을 뛰어 넘어, 마음으로 연습을 하면, 그대로 운동 효과가 있다는 사실을 밝혀낸 학자가 있다.

이것은 지금 수많은 운동 선수가 사용하는 이미지 트레이닝과 비슷한 맥락이다. 어떤 고등학교에서 농구 실력이 비슷한 학생들을 세 그룹으로 나누어, 각각 다른 방식의 연습을 한 달 동안 시켰다. 첫 번째 그룹에는 실제로 매일 한 시간씩 자유투 연습을 하게 했다. 그리고 두 번째 그룹에는 전혀 연습을 하지 않도록 하였다. 문제의 세 번째 그룹에게는 하루에 한 시간씩 마음으로 자유투를 연습하게 하였다.

한 달 뒤 세 그룹의 자유투 성공률은 어떻게 나왔을까? 놀랍게도 마음으로 연습만 한 세 번째 그룹의 자유투 성공률이 실제로 연습한 그룹의 자유투 성공률과 비슷한 수준으로 향상이 되었던 것이다. 연습을 전혀 하지 않았던 두 번째 그룹의 자유투 성공률은 전혀 나아지지 않았다. 하지만 첫 번째 그룹은 24% 나아졌고, 마음속으로 연습만 한 세 번째 그룹은 23% 나아졌다. 실제로 몸을 움직여 연습한 그룹과 거의 차이가 없는 수치이다.

그 이유는 무엇일까? 바로 우리의 뇌는 우리가 실제로 몸으로 연습한 것과 마음으로 연습한 것을 구별해 내지 못하기 때문이다. 그래서 우리의 뇌는 실제로 몸으로 연습할 때와 똑같이, 마음으로 연습만 할 때도, 똑같은 전기적 화학적 반응을 하면서, 기억해 놓는 것이다. 그 결과 마음으로 연습만 해도, 우리 몸은 그 마음에 따라, 결국 실제로 연습한 것과 다른 것이 없게, 변하게 되는 것이다.

이러한 현상이 운동에만 국한되는 것은 절대 아니다. 우리의 인생 전반에 걸쳐서 적용이 가능하다.

우리가 운동을 하는 것도 건강하게 살기 위해서이고, 기분이 좋아지기 위해서이다. 즉 우리가 운동을 하는 것은 우리 마음의 잡념을 없애고, 고민이나 걱정을 끊어 버리는 효과도 있다. 하지만 우리가 우리 마음으로부터 이러한 고민을 끊는 연습을 한다면, 운동을 하는 것 이상의 효과를 누릴 수 있음을 우리는 알 수 있다.

문제는 아무리 운동을 해도, 마음속으로부터 고민을 끊지 못하는 사람들이 의외로 적지 않다는 것이다. 그래서 마음으로부터 고민을 끊어 버리는 것이 운동하는 것보다도 건강한 삶을 위해 더 중요한 조건이 되는 것이다.

고민을 끊는 것이 왜 그렇게 중요할까?

그것은 고민을 끊지 못 하는 사람은 아무리 운동을

많이 해도, 건강한 삶을 살 수 없기 때문이다. 노벨의학상 수상자인 알렉시스 카텔 박사는 고민이 만병의 근원이며, 단명의 가장 중요한 이유라고 말한다.

" 고민과 싸우는 법을 모르는 사업가는 단명(短命)한다."

이 말을 좀더 확장하여, '고민을 끊어버리지 못하는 사람들은 단명하게 된다.' 라고 말 할 수 있을 것이다. 현대 성인병 중에 많은 병들이 걱정과 고민 때문에 발생한다는 사실을 우리는 알아야 한다. 심지어 암과 같은 치명적인 병도 결국 우리의 마음을 괴롭히는 걱정과 고민 때문에 의한 스트레스로 발병한다고 한다. 그래서 걱정이나 고민이 없는 바보는 암에 걸리는 사람들과 동일한 조건을 주어도, 절대 암에 걸리지 않는 다고 한다. 그 이유는 바로 고민을 하지 않기 때문이다.

우리가 위에서 살펴 본 자유투 실험에서 얻을 수 있는 한 가지 교훈은 '마음 속에서 발생하는 변화는 반드시 우리 몸에 영향을 직접적으로 준다.' 라는 사실이다. 그렇기 때문에, 마음에 고민을 끊어 버리는 것은 우리가 건강하게 살아 갈 수 있는 가장 좋은 방법이다.

우리가 고민하게 되면, 우리의 뇌 속에서는 온갖 해로운 물질들이 분비되고, 실제로 전기적 화학적 반응이 일어나게 된다. 그로 인해, 혈압이 높아지고, 혈당 수치가 높아지고, 해로운 콜레스테롤의 수치가 더 높아지게 된다. 하지만 우리가 아무리 고민을 많이 해도, 우리가 고민하는 그 대상은 절대 우리의 고민에 어떠한 영향도 받지 않는다. 결국 고민하는 사람만 결국 고통을 받게 되는 것이다.

고민이 우리에게 끼치는 악영향은 우리의 상상을 초월한다는 것을 아는가? 고민은 아무리 건강한 사람이라도 병들게 만든다. 고민은 멀쩡한 사람을 감기에 걸리게 하며, 고혈압, 심장병, 갑상선, 류머티즘, 위장병, 당뇨병의 발병 원인이 될 수 있다.

 이러한 고민을 안고 살아가면서, 행복하고, 건강

한 삶을 살고자 열심히 운동하는 사람이 있다면, 먼저 운동보다 마음 혁명을 실천하기를 바란다. 마음으로부터 고민을 완전하게 끊어 버릴 수 있다면, 운동한 것보다 훨씬 더 큰 효과를 얻게 될 수 있기 때문이다. 최근 연구 결과에 따르면, 아무리 운동을 해도, 운동이 인간을 더 건강하게 하거나, 수명을 연장시킨다는 근거를 찾을 수 없다는 것이다. 단지 건강한 사람들이 운동을 좋아해서, 운동을 하는 사람들 중에 건강한 사람의 비율이 높은 것이며, 건강하기 때문에, 오래 사는 것이지, 운동이 사람을 건강하게 하지는 않는 다는 것이다. 물론 이러한 주장이 다소 비상식적으로 들릴 수도 있다. 필자도 이 말이 옳다고 전적으로 생각하는 것은 아니다. 하지만 이 말의 진위 여부를 떠나, 운동보다 더 좋은 건강법이 마음 혁명이기 때문이다. 그리고 그 중에서도 마음속의 고민을 끊어 버리는 것은 가장 좋은 건강법이다.

모든 건강은 마음의 평온에서부터 시작 된다는 사실을 잊지 말자.

에필로그: 마음혁명이 성공과 부와 행복을 가져다 준다.

" 행복한 사람들은 성공했기 때문에 행복한 것이 아니다. 그들은 마음 혁명을 통해, 행복을 누릴 수 있는 길을 발견했고, 그로 인해 성공도 할 수 있었 던 것이다. 성공과 부와 행복을 결정하는 것은 바로 우리의 마음이다. 그 모든 것의 원천은 마음에서 시 작 된다."

우리 인생에 혁명이 필요한 순간은 바로 지금이다. 우리가 아무리 성공을 했다 해도, 그리고 아무리 잘 나간다 해도, 우리에게 필요한 것은 마음 혁명이 기 때문이다. 마음 혁명은 날마다 마음에 생기는 온 갖 잡동사니와 쓰레기와 삶의 상처와 아픔과 원한 과 분노와 후회와 슬픔과 불안과 초조를 끊고, 버리 고, 떠나는 것이다. 이것은 마치 우리가 날마다 샤워 하고, 날마다 면도해야 하는 것과 마찬가지이다. 얼 굴에 나는 수염은 하룻밤 자고 나면, 어김없이 많이 자라 나 있다. 그것을 깨끗하게 면도하는 것은 우리 의 모습을 단정하게 하고, 스스로 새로운 하루를 열

심히, 그리고 상쾌하게 살아가고자 하는 다짐과 같은
행동이다.

몸이 너무 피곤해서, 그리고 너무 바빠서, 시간이 없
어서, 면도를 하지 않고 집에서 나온 날이면, 하루 종
일 찝찝하다. 마음이 개운하지 않다. 그것은 얼굴에 새
록새록 자라나는 수염처럼 우리 마음에도 그러한 찌
꺼기들이 날마다 자라나기 때문이다. 그래서 우리들은
날마다 마음을 다 잡아야 한다. 그래서 날마다 자신을
벼랑 위에 세우며, 자신을 시험하고, 도전하는 이들도
있다. 이런 부류의 사람들은 보지 않아도, 성공의 길
을 가는 사람들이다. 하지만 마음도 몸도 그냥 내버려
두면서 바쁘게만 살아가는 사람들이 있다. 이런 사람
들은 매우 위험하다. 마음을 제대로 다잡지 못한 사람
들은 아무리 큰 성공을 하고, 아무리 큰 돈을 벌게 된
다 해도, 결코 행복할 수 없기 때문이다. 갑자기 로또
에 당첨되어, 백만장자가 되는 사람들이 몇 개월 안에
그 재산을 다 탕진하고, 온전했던 가정마저, 파탄이 나
고, 이혼당하고, 실직당한 사람들이 적지 않은 이유가
바로, 마음 혁명을 하지 않았기 때문이다.

마음 혁명을 통해, 자신의 마음을 다잡으며 살아가는

사람들에게 로또 당첨금과 같이 큰돈이 생겼다면, 이들은 보다 현명하게, 보다 올바르게 삶을 이끌어 갈 것이다. 그것은 참 된 부자는 돈에 의해 만들어 지는 것이 아니기 때문이다. 참된 인생의 변화는 돈이나 출세, 성공에 의해 이루어 지지 않는 다. 참 된 인생의 변화는 마음 혁명을 통해서만 일어난다. 마음으로부터 진정 평화롭고, 자유롭고, 풍요로운 삶을 살고 있는지, 우리는 자신에게 자문해 보아야 한다. 진정 잘 사는 인생은 돈만 많다고 가능한 것이 아니다. 재벌 회장의 외동딸이 먼 나라에 가서 자살하는 것을 보면, 돈만 있다고 우리는 인생을 잘 살 수 있다는 망상에서 벗어날 수 있다.

" 출세와 성공, 돈과 물질과 상관없이 우리는 잘 살 수 있다. 그리고 행복할 수 있다. "

그러한 잘 사는 것은 멀리 있지 않다. 우리 외부에 있지도 않다. 바로 우리의 내면, 즉 마음속에 잠자고 있다. 우리는 그것을 깨우면 된다. 바로 마음 혁명이 그것을 깨우는 방법이라고 말 할 수 있다. 우리의 삶을 진정 변화시킬 수 있는 것은 바로 '마음'에서부터 시작 되어야 한다. 마음에서부터 평화를 찾을 수 있다면, 우리 삶도 그러해진다. 마음에서부터 풍요로워 질 수 있다면, 우리 삶도 풍요로워질 수 있다. 마음에서부터 자유로울 수 있다면, 우리 삶도 역시 자유로울 수 있다. 그것이 마음 혁명의 힘이다. 더 이상 돈이나 출세에 연연해하지 않을 수 있다. 그것과 상관없이 우리는 행복할 수 있고, 잘 살수 있다.

우리 모두 그러한 삶을 살아 보자.

" 주는 것이 받는 것이다. " 라고 말한 성 프란체스코의 말처럼,

" 버리는 것이 얻는 것이다. " 라는 사실을 명심하며, 실천해 보자.

이러한 마음 혁명을 실천할 때, 우리의 삶이 바뀔 수 있고, 세상이 바뀔 수 있다.

누가 뭐래도 나는 믿는다.

'타인을 먼저 행복하게 하는 것이 나를 행복하게 하는 것' 이라는 사실을 말이다. 우리를 못 살게 했고, 불행하게 했고, 실패하게 했던 과거의 마음으로부터, 끊고, 버리고, 떠나자. 그래서 새로운 마음으로 새롭게 살아가자.

" 인간은 가치화 의미를 추구하고 실현하는 존재이다.

인간의 가치에는 창조의 가치, 체험의 가치, 태도의 가치 등 세 가지가 있다. 그 중에서도 가장 중요한 것은 태도의 가치이다.

인간은 어떤 환경에도 적응할 수 있다. 인간은 의식과 자유와 책임의 주체이다. 인간은 견

딜 수 없고, 변화시킬 수 없는 절망적 운명에 직면하더라도 그 상황에 대해 어떤 태도든 취할 수 있고, 그가 취하는 태도에 따라서 어떤 가치도 실현할 수 있다.

인간은 절망적 상황 속에서도 의연한 자세로 의미있는 태도를 취할 수 있고, 의미 있는 행동을 할

수 있다. 자유와 책임의 주체인 인간에게 있어서 가장 중요한 것은, 인생에 대　해 어떤 태도를 취하며 어떻게 살아가느냐 하는 것이다."

[세상은 꿈꾸는 자의 것] 이라는 빅토르 프랭클의 글이다. 인간에게 가장 중요한 것은 그의 말대로 인생에 대해, 어떤 태도를 취하며, 어떻게 살아가느냐 하는 것이다. 다시 말해 인생에 중요한 성공과 실패도, 가난과 부도, 행복과 불행도 모두 마음에서부터 결정 된다는 것을 우리들은 반드시 명심해야 한다.

우리로 하여금 부자가 되게 하고, 성공과 행복을 가져다주게 하는 출발점은 바로 마음 혁　명이다. 마음혁명은 평생 지속되어야 한다. 마음 혁명을 통해 새로운 삶을 살아가자! 어제와 다른 삶을 살고 싶다면, 무엇보다 마음을 혁명하라!

가난과 패배로 얼룩진 삶을 사는 이유는 우리의 마음이 늘 하던 대로의 마음으로 살아가기 때문이다. 세상 모든 사람은 자신만의 고유한 마음을 가지고 있고, 그 마음의 모습대로 사람과 세상을 인식하게 된다. 그런데 부자나 승리자들은 가난하고 인생의 낙오자와는 전혀 다른 종류의 마음을 가지고 산다. 바로 그러한 다른 종류의 마음이 부와 성공과 행복을 가르는 것이다.

이 세상에 존재하는 두 가지 마음의 종류 중에 첫번째 종류의 마음은 집착하고 두려워하고 구속된 마음이다. 이런 마음을 가지고 살아가는 사람들은 절대 부자가 되지 못하고, 성공하지 못한다. 이 세상에서 가장 큰 힘은 우리 내면에 존재하는 데, 이런 종류의 마음은 그 힘이 깨어나지 못하게 계속 방해하는 장애물에 불과하기 때문이다.

반면에 우리에게 큰 성공과 큰 부와 행복을 가져다주는 두 번째 종류의 마음은 어떤 것에도 연연해하지 않는 마음이며, 어떤 분노나 두려움도 없는 강한 마음이며, 어떤 것도 확신하며 믿는 뜨거운 마음이며, 어떤 욕심이나 욕망에 사로잡힌 마음이 아니다. 이런 종류의 마음은 과거에 현인들이 군자의 마음이라고 불렀던 것이다. 군자의 마음을 가지게 될 때, 세상의 부와 성공에 집착하지 않게 되는 데, 오히려 이렇게 집착하지 않게 될 때, 세상의 부와 성공이 더 몰려들게 되는 기적이 발생하게 된다.

단사리 마음혁명은 첫 번째 종류의 마음을 두 번째 종류의 마음으로 탈바꿈시키는 것을 말한다. 그로 인해 세상의 부와 성공에 대해 그 어떤 집착이나 욕망도 없지만, 오히려 더 성공하게 되고, 더 큰 부자가 될 수 있다. 그러므로 이제 끊고(斷), 버리고(捨) 떠나자(離).

새롭고 눈부신 미래를 마음 혁명과 함께 맞이해 보자. 바로 단사리 마음 혁명이 그것을 가능하게 해 줄 것이다. 그러므로 지금 당장 마음을 혁명하라. 무릇 지킬만한 것보다 더욱더 마음을 지켜라. 그것이 부와 성공의 길이며, 행복과 번영의 길이다.

판권

종이책 : 값 13,000 원

초판 인쇄: 2025년 11월 30일
초판 발행: 2025년 11월 30일

지은이: 김병완
발행인: 플랫폼연구소

출판등록: 제 2020-000075호

전화: 010-3920-6036 / 02-556-6036
이메일: pflab2020@naver.com

주소:서울시 강남구 삼성동 116 백우빌딩 402호

ISBN 979-11-91396-66-9(03190)